# 「疑う」からはじめる。

これからの時代を生き抜く思考・行動の源泉

*Madoka Sawa*
澤円

アスコム

# プロローグ

## ●うまくいかない原因の多くは「思い込み」にある

たとえば、あなたが地方で暮らしているとします。

そして、「都会に比べてチャンスが少ない」と感じることがあるかもしれません。当然、都会には圧倒的に多くの仕事があります。

しかし、現実には多くの人がそこで自分本来の力を発揮できずに埋もれています。その一方で、地方に住むユニークネスを存分に活かし、刺激的な仕事をしながらハッピーに生きている人もたくさんいます。

「田舎だからうまくいかないんだ……」

こんなふうに、自分のなかで勝手につくった「ものさし」で自分と他人を比較していると、気持ちはどんどん落ち込んでしまうことでしょう。

「英語が話せれば、もっとやりたい仕事ができたのに」
「定時に帰ったら、上司から悪く思われるにちがいない」
「もっと接待しなければ、きっと取引を止められてしまう」

**僕たちの仕事や生活、そして人生のなかには、さまざまな思い込みが、じつにたくさん存在している**のです。

「思うようにいかない理由」や「自己実現できない理由」を見つけるのは簡単です。そして、恐ろしいことに「～だから無理」と思った瞬間、そこがゴールになってしまいます。

**そこで大切になるのは、「あたりまえ」を「疑う」からはじめること。**思い込みを捨てて、「では、どうすればできるのだろう」と考えてみます。なぜなら、思考は行動に直結するからです。

## ●コロナ前の価値観は全部一度「疑ってみる」

新型コロナウイルスの出現以降、仕事の前提条件が変わりました。僕たちはこれまで以上に「あたりまえ」を疑い、新たな価値をつくっていく必要があります。「疑う」からはじめるときなのです。

たとえば、「出勤」という「あたりまえ」を疑ってみましょう。

これまで、みんながいる会社に行きさえすれば、自動的に部署やチームに組み込まれて、そこで与えられた仕事に取り組むことができると、多くの人が思い込んでいました。

でも、仕事とは本来、なんらかの価値を創造することのはずです。

仕事の本質を理解せずに、ただ会社に行って与えられた作業をこなすことを仕事だと勘違いしていた人たちは、コロナ禍のもと、「出勤」できない状態を強いられたとき、「いままで自分はなにもしていなかった」と身をもって体験したのではないかと思うのです。**本当は仕事ができていなかった人が、あぶり出されてしまった**ということです。

会社という場に依存している人が日々取り組む仕事のほとんどは、まさに「出勤」することに紐づいた作業なのだということが、「出勤」という「あたりまえ」が覆されたとき、はじめて見えてきます。

仕事がなんとなく用意されている「場」は、今後どんどん減っていきます。それに応じて、「わたしはこれをやります」「この打ち合わせには出ません。その時間にこれをしたいからです」というように、主体的に取り組まなければそもそも仕事が成立しない状態になりつつあります。

そんな仕事のあり方の根本的な変化を肌身で感じている人は、とても増えていると推測します。

すでに僕たちは、既存の価値観を「疑う」からはじめる時代に生きているのです。**新型コロナウイルスの出現は、僕たち一人ひとりの変化を、さらに社会全体の変化を、いやおうなく加速させていくでしょう。**

## ●仕事ができる人は「抽象」と「具体」を行き来できる人

では、自分がやりたい仕事を主体的に宣言して取り組むには、どうすればいいのでしょうか。もちろん、ここでいう「仕事」とは「価値を創造すること」を意味します。

僕は、「仕事ができる人」とは、「抽象」と「具体」を行き来できる人だととらえています。ものごとを抽象化するというのは、「本質を抽出する」こと。わかりやすくいうと、いま目の前にある仕事の本質を考えることです。

みなさんのまわりには、「具体的に考えろ！」「もっと具体的な案を出せ！」などとゴリ押ししてくる人はいませんか。たいていの場合、そうした人は仕事ができません。なぜなら、仕事の本質を深く考えないまま、ただ目に見える変化のようなものがほしくて、「具体的に」「具体案を」と叫んでいるに過ぎないからです。

厳しい言い方をすれば、**仕事の本質を考え抜いていない人は、まだ仕事をはじめてすらいない状態です。**

**「具体」とは、仕事を抽象化したうえではじめて成り立つ作業**だからです。

「具体」だけで仕事が成り立つのは、たとえば工場で働く人たちや、そのほかエッセンシャルワーカー（人が社会生活をするうえで必要不可欠なライフラインを維持する仕事の従事者）の人たちでしょうか。彼らには、ある程度確立されたフレームワークのなかで、高い精度で、集中して作業をこなすことが求められます。コロナ以降も、いままでと同じような働き方をしなければならない仕事と言えるかもしれません。

一方、本書の読者には、主にオフィスで働くビジネスパーソン、自営業やフリーランスの方たちもいらっしゃると思います。そんなみなさんには、いま目の前にある仕事の本質を自分の頭でとことん考え、「別のもっといいやり方やアイデアがあるのではないか」と疑いながら、価値を創造していくことが求められます。

言ってみれば、どれだけ「具体的」に動こうとしても、本質をつかみ損ねたままでいると、まったく価値を生み出せない仕事なのです。

## ●コロナで大切になった「自分をデザインする力」

わかりやすい例を挙げましょう。

自動車の工場では、ある仕様に従って精密に効率よく組み立てなければなりません。これこそが具体的な仕事です。でも、果たしてそれだけで、その車の魅力がユーザーに伝わるでしょうか。

なぜユーザーはその車を選ぶのか――。それは仕様に従って効率よく組み立てられたからでもなく、他社よりも少しだけスペックが優れているからでもありません。

そうではなく、その車が与える「イメージ」や、その車がもたらす「体験」が、ユーザーにとって魅力的になるかどうかの決め手になるのです。スポーティーな走りを楽しめるイメージかもしれませんし、あるいは、家族で安全に楽しく移動できる体験かもしれません。

いずれにせよ、そうした自動車が持つ本質、つまり「抽象」をとことん突き詰めた先に、究極の「具体」として自動車を組み立てる作業があるのです。

抽象化された体験を、きちんと言語化してお客さんに届けてはじめて、その車の魅力が伝わり、仕事として大きな価値を創造できます。これはオフィスや自宅で取り組むことができる、およそすべての仕事にあてはまる法則です。

ものごとの本質をつかむことは、全体を「デザイン」する能力ともいえます。**より視野を広げると、働き方にとどまらず、「自分の人生をどう豊かにデザインするか」という視点につながっていきます。**

コロナ以降、この「人生をデザインする力」がとても重要になると僕は見ています。いろいろな価値観を参考にしながら、自分の頭で考え、人生をデザインし、自分なりの幸せを追い求めていく。そんな力が、今後、求められていくでしょう。

## ●僕もかつて「あたりまえ」にとらわれ、悩み、苦しんでいた

僕、澤円(さわまどか)は株式会社圓窓(えんそう)という法人の代表取締役を務めています。主な活動として、琉球大学客員教授や武蔵野大学客員教員のほか、スタートアップ企業の顧問やＮＰＯのメン

ター、またキャリアアップやコミュニケーション、グローバル人材のためのマインドセットとアウトプットについてのセミナーや講演活動を日々行っています。

もともとはプログラマーとしてキャリアをスタートさせ、1997年にマイクロソフト社（現・日本マイクロソフト社）に入社します。2020年8月に退社するまで、競合対策専門営業チームのマネージャーやクラウドプラットフォーム営業本部長、そして、テクノロジーセンター・センター長などを歴任しました。

マイクロソフト社では数多くのプレゼン経験を積み、2006年には世界中のマイクロソフト社員のなかで卓越した社員にのみビル・ゲイツが授与する「Chairman's Award」を受賞したこともあります。

しかしながら、かつての僕は、プログラマーとしては業界でビリの位置にいて、プレゼンを酷評されていたときもあったのです。いまでも自分のことを、野心的だとか自己肯定感が強いタイプだとは僕自身、まったく思いません。

子どものころから僕は、あまり周囲に溶け込むことができませんでした。運動も全然できなかったし、学校なんてなにも楽しくなかった。

「どうして僕はこうなんだろう」

そんなことを思いながら、ずっと悩んで生きていたのです。

やがて成長するにつれ、少しずつ、自分の「あたりまえ」と世間の「あたりまえ」がちがうことに気づきはじめました。

僕は人と同じペースでなにかをすることも、ひとつのことをずっと続けることも苦手でした。つまり、そのときどきで興味があることにたくさん取り組みながら、同時並行でマイペースに続けていくのが好きだったのです。これこそが僕の「あたりまえ」でした。でも、学校や会社で求められる「あたりまえ」は、定められたカリキュラムやルールに沿って振る舞うことです。

僕の行動がまわりと合わないのは、それこそ「あたりまえ」だったのです。

**ところが、インターネットの登場がすべてを変えました。**

世界にはさまざまな価値観があることが知れわたり、日本でも多様性をリスペクトする雰囲気を感じられるようになりました。

時代が、前へと進んだのです。

「ひとつの仕事に縛られるのではなく、さまざまな人や仕事にかかわっていくほうが時代の変化にマッチしているのでは？」

そう直感した僕は、「自分の好きなこと」や「本当にやりたかったこと」を、臆（おく）さず積極的にアウトプットしはじめました。すると、僕と同じように感じていた人たちが世の中にはたくさんいて、とてもポジティブなフィードバックを得ることができたのです。

## ●常識に縛られたら、成長はストップする

「なにか引っかかるな……」

「どうしてこうなるのだろう」

**世間の「あたりまえ」に対して疑問を持ったとき、あなたはすでにおおいなる成長への**

**一歩を踏み出しています**。この事実を、まずは共有しておきたいと思います。

ときには「なぜそんなこともわからないんだ」「そんなことは常識だろう」と怒られることもあるでしょう。そんなとき、「失敗した」と思って、つい落ち込んでしまいがちですが、僕に言わせればまったくちがいます。

「あたりまえ」に対して疑問を持つ。

←

一歩前へ進んだと考える。

「あたりまえ」という思い込みに疑問を感じること。それは、自分が変わっていく過程において、重要なシグナルなのです。だから勇気を出して、あなたのなかに生まれた疑問を大切にしなければなりません。そんな自信と勇気を持つ方法についても、書きました。

本書に通底するメッセージはこれです。

## 常識に縛られたら、思考は停止する。

本書は『あたりまえを疑え。』というタイトルで、2018年11月に発刊されました。その後、新型コロナウイルスが出現し、社会も個人も急激な変化を強いられました。僕たちのもとに、突然、「あたりまえ」の呪縛(じゅばく)から解き放たれるタイミングが訪れたのです。だからこそ、「いま、ここから、はじめよう」という気持ちを込めて、装いを新たに再刊しました。

思い込みを捨て、自分の頭で自由に思考し、少しずつ行動に変えていきましょう。そうすれば、あなたの人生はぐんぐん輝きを増していくはずです。

一歩足を踏み出すだけでも、結果はまったく変わっていきます。

世間で「あたりまえ」とされる常識や正解を探すのではなく、あなただけの真の人生を探す旅へ――。

さあ、いまこそ「疑う」からはじめましょう。

澤円

## 目次

プロローグ　3

# CHAPTER 01 時間を疑う

**「時間」の無駄に対する抵抗感をつける**
人生には終わりがあることをもっと意識する　25
思い切って出社時間を破ってみる　27
「公平」が生産性を下げている　29
**「ゼロを1にする」こと以外は、仕事にしない**
「ゼロを1にする」ための3つの方法　33
日本企業に欠けている「時間は借り物」という概念　35
**「報告・連絡」のための会議には出ないと決める**
時間は未来のためだけに使う　39
膨大なタスクを効率的にこなすタスクの3原則　43
「自分のミスパターン」をリカバリーする仕組みをつくる　46
遅れを引き起こす障害＝ボトルネックを見える化する　48
自分にとって「意味がないこと」をやめる勇気をもつ　51

CHAPTER 02

# ルールと慣例を疑う

**会社名、役職を外して仕事をしてみる**
自分を客観的な立場から俯瞰する 56
アウトプットこそ、自分を変える最強の方法 59
アウトプットしなければ、誰もあなたに気づかない 61
アウトプットの第一歩は「数える」こと 63

**自分にとって苦痛な時間を取り除く**
時間とは、よろこびとともに消費するもの 69

**過去の価値観でつくられた「同調圧力」からはできるだけ距離をおく**
押しつけられたルールや慣例はすべて疑う 75
「同調圧力」を感じたらその場を去る 79
成功体験のないおっさんほど威張る 81
自分の人生を他人に決めさせてはいけない 85

**意識の低いおっさんたちからの「風あたり」を楽しむ**
なぜ女性はおっさんに邪魔されるのか 90
「風あたりが強い」のは最前線にいる証 93

**正解を探す呪縛から解放される**

正解を探したらイノベーションは生み出せない 97
過去のルールや価値観は、絶対に時代遅れになる 100
**肩書ほど脆いものはない**
肩書をプライドにするのは不幸のはじまり 104
「複業」で自分の価値を強める 107
いま乗っている列車から降りる勇気を持つ 110

CHAPTER 03

# コミュニケーションを疑う

**自分が言いたいことが、相手が聞きたいことではない**
良いプレゼンとは聞き手の行動につながるもの 119
聞き手がハッピーになることだけを考える 122
**プレゼンは、聞き手への「プレゼント」である**
相手がハッピーになることを本気で考える 128
相手の「期待」や「興味」がわかればうまくなる 132
**体験が顧客の心を動かす、事実だけでは顧客の心は離れる**
この3つのコツで、「伝わる」スライドになる 136
人の心を動かすのは「事実」ではない 139
**「モノ」を売るな、「満足」を売れ**

顧客との「共通感覚」を考える 144
「できる理由」を探すと「伝わる」が変わる 147

**デジタルとアナログのハイブリッドが、これからのプレゼンのキーワードになる**

プレゼンは「平等」かつ「ハイブリッド」になった 152
大切なのはセルフプロデュースすること 156
オンラインでは「空気を読む」必要はない 159
専門知識よりも「多くの人に伝える力」を意識する 161
自分を追い込むことで「劣化」を防ぐ 164
「あきらめない」だけで未来の可能性は広がる 167

CHAPTER 04

# マネジメントを疑う

**マネジメントが「管理」だと思っているうちは、結果は出ない**

マネジメントとは「判断する」こと 175
なぜ部下のモチベーションが上がらないのか 177
過去の成功体験で判断してはいけない 179

**ミスを怖がるな。失敗は修正すればいい**

失敗の「可視化」が次の成功につながる 184

# 自分自身を疑う

「Why」と「Who」を追及してはいけない 187
最高の判断を下すためにやることは？
人生も仕事も「早めの判断」が大切 192
デキるマネージャーは「自責」で考える 194
最悪なマネージャーに共通するいくつかのこと
なにを「デキる」「デキない」の判断基準にしているか 198
ハラスメントに我慢する必要は100％ない 200
ハラスメントする側にならないための視点とは 205
「好き嫌い」に関係なく「信頼」を築く 207
髪型や服装は、あなたの大切なコミュニケーションツール
僕の髪型は「インターフェース」である 213
時間のパラメーターを意識して食事をする 218
いい人生を送りたいなら、「食事」と「睡眠」を大切にする
僕は同僚とは食事をしなかった 221
睡眠は究極の投資である 224

**自分に役立つ人脈づくりは意味がない**
「ギブファースト」が、良い人脈を与えてくれる　229
フェアなアウトプットをすれば化学反応が起きる　231
**アウトプットは「自分の体験」を語ろう**
情報発信の大切な原則　235
ちょっと得意なものでも掛け合わせればユニークになる　239
誰でも「得意なこと」を持っている　242
**好きなことだけやって、生きていい**
好きなことや得意なことは「やめない」　248
「いつ」と決めると人生を動かせる　252
**定年後に新しい人生はやってこない**
「複業」は精神的な保険になる　257
会社で働くことだけが人生のすべてではない　259
ライフワークは「信念」、実現する手段が「仕事」　261
自分らしく「ありたい自分」になれ　263
**「疑うからはじめる」ことこそが、これからの時代を生き抜くマインドである**
これから必要とされる資質は「未来志向」　268
あたりまえを疑う「変な人」になろう　272
エピローグ　277

CHAPTER 01

# 時間を疑う

*Doubt the time efficiency*

# 「時間」の無駄に対する抵抗感をつける

## 人生には終わりがあることをもっと意識する

本書をはじめるにあたって、僕がみなさんに最初にお伝えしたいのはこの事実です。

**人の命は永遠ではなく、いつか必ず死ぬ――。**

人間はいつか死ぬ生きものです。生まれてから死ぬまでの時間は有限であり、その大前提は誰もがみな平等です。

もちろん寿命の長さはそれぞれちがうだろうし、いつどのタイミングで死ぬのかもわかりません。でも、いずれにせよ人生に「終わり」があることは絶対的な事実です。僕たちは、その「終わり」に向かって常に前へと進むしかなく、後退はできません。

つまり、自分の命の時間というものは増えることがなく、残り時間は減っていくしかない、ある意味では残酷なものであるということです。

この「残り時間を増やすことはできない」という事実を、ぜひ頭に刻み込んでほしいのです。その理由は、いまみなさんが直面している仕事や生活上の問題の多くは、「時間を無駄にしていること」、あるいは「時間の無駄に対する抵抗感が薄れていること」によって引き起こされていることがほとんどだからです。

**時間は有限であり、ものすごく貴重なもの。**

そのことが本当に納得できたら、みなさんの未来は俄然(がぜん)、明るくなるでしょう。まず、自分の時間の使い方が丁寧になり、その時間をもっと有意義に過ごそうとして「質」の面を大切にしはじめます。同じ時間を過ごすなら、当然快適なほうがいいし、楽しいほうがいいし、意義あるほうがいいですからね。

また、おのずと他人の時間を無駄に奪うこともなくなります。自分の時間を大切にできるようになると、自分だけでなくまわりの人間まで幸せにしていくのです。

いまこの瞬間に僕たちに与えられているものを考えたとき、場所や地位や属性などは個人差が大きいかもしれない。でも、時間だけは誰にも等しく与えられています。その面では、みな同じ条件のもとで生きていると言えるかもしれません。

たとえ社長であっても、新入社員であっても。

## ●思い切って出社時間を破ってみる

以前、僕の友人がこんな話をしてくれました。

ある日、都内に大雪が降って会社に遅刻をしてしまったそうです。前日から雪の予報だったので30分以上早く家を出たものの、案の定どこもかしこも混雑していて、結局、彼は5分の遅刻をしてしまいました。自分と同じような者もちらほらいたと言います。

「この天候じゃ仕方ないよな」

そう思った瞬間でした。

「雪が降るのはわかっていたはずだ！　なぜもっと早く家を出ないんだ！」

いきなり部長がキレた。あまりの剣幕（けんまく）にみんなは驚いて口も利（き）けません。そんなようすを見てさらに弾みがついたのか、その部長は、それから30分以上も部下を立たせて説教を続けたそう。

みなさんは、この出来事についてどう思いますか。

5分の遅刻に対して30分以上の説教……。これって、僕流に言わせてもらえば完全な「暴力」だし「時間泥棒」です。

そして、その部長は遅刻に対してキレたことで、「わたしはマネジメント能力がゼロなのだ！」と大声で叫んだようなもの。僕は友人に、「ねえ、その会社いますぐやめたら？」とアドバイスしたのですが、こんなことが日本の会社では結構まかりとおっています。

もしかしたら、みなさんも似たような出来事に遭遇した経験があるかもしれません。

こうした、「仕事のはじまりの時間に厳しく、終わりの時間にはゆるい」のは、日本企業特有のマインドセットです。

朝は数分遅刻しただけでガミガミ怒られるのに、夜は数時間残っていても、怒られるどころか「がんばっているな」と褒められることさえあります。

でも、よく考えてみてください。それぞれ部署ごとにやることがちがうのに、朝9時に全社員が揃って出社しても1円にもならないではありませんか。また、だらだらと残業して生産性が高まるとはとても思えません。会社とは、あくまでも利益を出す場所なので、これらはまったくもって意味のない行為。そうした意味のないルールや時間の考え方を、いまこそ一人ひとりが疑わなければならないのだと思います。


**それって本当に効率がいいの？**

**そのことでなにかを生み出しているの？**

**誰かが幸せになるものなの？**


一人ひとりが自覚的に、自らに問いかけることが大切なのです。

## ●「公平」が生産性を下げている

「なぜ全社員が同じ時間に出社する必要があるのでしょうか」

こんなことを言うと、「現場はもう動いているのだ！」と言い返されるのがオチです。

朝8時半や9時に出社時間を定めている多くの会社は、工場や店舗や工事現場を基準にして出社しているということなのです。

「現場でトラブルがあったときに連絡がつかなければ問題になる」とは、もっともらしい理由かもしれません。でも、これだけスマートフォンが普及した時代に、来るかどうかもわからない連絡をオフィスで待ち受ける必要があるのか、という疑問も湧いてきます。

「会社に重要な書類が置いてあるんだ！」

たしかにそうかもしれませんが、そんなことではその会社は交通機関が止まった瞬間に、すべての機能が停止することになってしまいます。つまり、ＢＣＰ（事業継続計画）がむちゃくちゃなわけです。むしろ、どこからでも情報にアクセスできるようにするなどして、いかなるときも業務が止まらないようにすることのほうがよほど重要です。

業務の効率だけを考えれば、全社員が同じ時刻に出社する必然性はありません。なのに、なぜみんなが朝9時に行かなくてはならないのでしょうか。結局のところ、こんな理由だったりします。

## 「不公平になる」

「現場は早く出ているのだから、本社や本部もそうするほうがいい」という考え方ですね。

現場では時間で区切ってタスクをまわさなければならない面もあるので、みんなが同じ出社時間である必然性はあるかもしれません。しかし、本社や本部の社員にはなんの関係もなければ、必然性もありません。

ましてや朝9時に出社しようとすると、電車も道路も込んでいるし、エレベーターは長蛇の列。これでは、社員の生産性はまったく上がりません。であれば、朝7時に出社して、15時に仕事を終わらせて帰るほうがよほどいいでしょう。もちろん、昼ごろに出社して夜に終わるということだってありですよね。

そうした考え方ができない会社がなぜ多いかというと、心のどこかに「現場は早くから動いていて悪いから、それに合わせよう」という日本人特有の気質があるからではないかと僕は感じてしまうのです。

# 「ゼロを1にする」こと以外は、仕事にしない

## ●「ゼロを1にする」ための3つの方法

本来、クリエイティブな仕事をしなければいけない人たちにまで同質性が強制され、「時間給」的な働き方を強いられていることは、非常に大きな問題であると認識しなければなりません。そして、「生産性の高い時間の使い方」とはなにか、働く者一人ひとりが自分自身に問いかける必要があります。

**わたしというひとりの人間が、もっとも価値を出せることはなんだろう？**

自分の働く価値を再定義するには、「ゼロを1にする」ための仕事にどれだけの時間が割けるのかを突き詰めることがきっかけになるでしょう。**「ゼロを1にする」ということは、この世にまだないなにか新しいものを生み出すこと。**そのためには、必然的に「考える」時間を確保しなければなりません。

それは、何者にも邪魔されずにひとりで考える時間かもしれないし、いろいろな価値観を持つ人と考えをぶつけ合う時間もあり得るでしょう。

アイデアというものは、時間を区切って考えても出るとは限りません。1時間必死に考えてひとつも出ないかもしれないし、30分のディスカッションで5つ出るかもしれない。これればかりはわかりません。

ただ、ひとつだけはっきりしているのは、「ゼロを1にする」仕事に時間を割りあてなければ、いつまでもタスクだけに追われ続けるということです。

そこで、僕は3つのフェーズにわけて「考える」時間を自分なりに定義し、確保するようにしています。

**①ひとりの時間をつくり、自分で考えを熟成させる。**
**②ディスカッションで、多様な人たちと考えを交換する。**
**③信頼できる誰かに話しながら、考えを構築・検証する。**

これは、アイデアの成熟度によって最適な手法を選ぶということです。①なら、テーマについての理解度などを自分に問いかけるフェーズ。②なら、自分のアイデアが一面的であることを避けるために、複数人でのディスカッションで意見をもらうフェーズ。③は

「壁打ち」という手法で、自分のアイデアが世の中に通用するような言葉に落ちているかどうかをたしかめるフェーズとなります。

これらのフェーズすべてを、僕は「ゼロを1にする」ための創造的な時間の使い方として大切にしています。

## 日本企業に欠けている「時間は借り物」という概念

「ゼロを1にする」ための仕事の時間の使い方を考えていくと、おのずと他人の時間の使い方にも敏感になっていきます。たとえば、ミーティング。

「僕にはこんなアイデアがあるのだけど、みんなの意見を聞かせてほしいんだ」と伝えれば、集まるみんなの目的がクリアになって、「ところでなんのためにここにいるんだっけ?」とはならないはずですよね。

でも実際は、「よくわからないけど、とりあえず集まった」というようなシチュエーションが多くありませんか。そうなると、結局はいちばん偉い人が気持ち良く話すだけの時間になってしまいます。

繰り返しますが、**時間は有限でありもっとも貴重な資源**です。その時間を自分の都合だけで浪費させるのは、それこそ時間泥棒なのです。

そこで僕は、自分のなかで価値があると思える場にしか行かないことに決めています。飲み会なども、気が向かなければ平気で断ってしまう。もちろんやみくもに断るわけではありません。ただ単に「自分が得をするか」という受け身の観点ではなく、「自分がそこで価値を提供できるのか」という観点で判断しているのです。

外資系の企業と比べた場合、**日本企業に欠けているのは「時間は借り物」という概念**かもしれません。欧米の企業では、1時間の予定のミーティングが45分で終わったとすると、「15 minutes back to you.」と言って会議を解散します。

つまり、「1時間借りていたけど45分で終わったから、15分返すね」ということです。この「返す」という表現が、時間に対する考え方を端的に示していると思います。

もちろん、なんでも欧米流にしようということではなく、僕が言いたいのは、このような時間の概念を持てるかどうかがとても重要だということ。「時間を借りる」という感覚があれば、目的のない会議に人を集めようなんて思いません。ましてや、自分が気持ち良く話すためだけに会議を招集するなど愚の骨頂ではありませんか。

そこで、これからは意識的に「時間がもっとも大切なもの」と思って人とコミュニケーションしてみてください。

もちろん、大好きな人とより深い関係を築けたり、会いたいと思っていた人と近づくことができたりする場所なら、どこへでも積極的に行ったほうがいい。そして、まだ温めている最中のアイデアでも具体性のないパッションでもいいので、とにかく「自分が価値を提供すること」を意識してアウトプットしてみてください。

失敗なんていくらでもしていいのです。

失敗しても、そこから学べばいいのだから。

# 「報告・連絡」のための会議には出ないと決める

## 時間は未来のためだけに使う

近年よく目にするキーワードのひとつが、「働き方改革」です。世界的に見て、日本企業の生産性が非常に低いことは紛れもない事実なので、改革が必要なのはたしかかもしれません。

ビジネスパーソンなら、「日本人の働き方は非効率だ」というニュースやビジネス雑誌の記事を目にしたことがあると思います。

ある調査では、日本の就業者一人あたりの労働生産性は、G7のなかでなんと20年以上連続で最下位。OECD加盟35カ国中でも、21位という結果でした（公益財団法人 日本生産性本部「労働生産性の国際比較 2017年度版」調べ）。

おそらく公表されている数値だけで計算されているので、サービス残業なども含めれば実際はもっと悪い数値だということも十分に考えられます。ちなみに2020年もG7のなかで最下位と、不名誉な記録は更新中です。

なぜこんなことになるのか？

僕はいつも、**日本人は「決める会議」ができない**ことが原因のひとつではないかと感じています。というのも、かつてマイクロソフト社にいたとき、僕のチームに日本企業の人がビジネスインターンというかたちで常駐していたのですが、そのうちのひとりの言葉に衝撃を受けたことがあるからです。

彼がある日、僕に対してこう言ったのです。

## 「会議でなにかが決まるところをはじめて見ました」

僕は会議でなにも決めないなんて絶対にしないし、そもそもなにも決まらない会議は招集自体しないので、この言葉を聞いて心底驚いてしまったのでした。

「日本企業には無駄な会議が多い」とはむかしから言われていることですが、いつになっても改善されません。なぜか。それは、**「会議でしたほうがいいこと」を理解していないから**だと僕は考えています。

たとえば、ビジネスパーソンにとって「報連相という言葉はおなじみですよね。このなかの「報告」に使うレポートに膨大な作業が発生していたり、「連絡」を対面で行ったりすることで時間を浪費している傾向があるのです。

考えてみれば、**「報告」と「連絡」は過去から現在までのすでに起きたことについての話なので、本来はITツールを用いて自動化し効率化できる**はず。

データは、「見ればわかる」ものです。それをわざわざ時間を使って、人を集めて報告させることにまったく意味はありません。また、出席者は会議のために移動しなければなりません。コロナ以降だいぶ考え方に変化は出ているようですが、ビジネスにおいて移動時間はなにも生み出さないので、これもまた無駄なものです。

つまり、会議という立派な名目で、報告という無駄なことをさせ、さらに移動という時間の無駄まで発生させている。連絡はいまならチャットで十分で、電話する必要すらありません。おそらくは、「目上の人に直接会わずに報告や連絡をするのは失礼だ」という意識が広く強く共有されているため、利益を度外視してまで無駄な時間をかけてしまうのでしょう。

一方、**「相談」は未来の話をすること**。僕はこの部分は対面で話す価値があると考えています。つまり、「未来のことを最大化」するために働くというわけです。

これからどうするか、次の一手はどうするかという未来の話は、生産的で楽しいものです。楽しい仕事だけが残るわけで、楽しい仕事なら誰もが高いモチベーションで臨んでくれるにちがいありません。誰だって、夢やビジョンを語るのは楽しいのです。

**結果を出せるビジネスパーソンに共通しているのは、「未来志向」を持っていること**だと僕は思います。「時間はなんのためにあるか」と考え、未来を良くするために使うところに思考を持っていかなければいけません。

「報連相」でいう、「相」の部分が、まさに先に書いた「ゼロを1にする」ための時間になっていくのです。

そこで、今日からあなたの働き方を変えるために必要なのは、高額なツールを買うことでもコンサルタントに頼ることでもなく、こんなマインドセットを持つこと。

**過去のことに時間を使わないためには、どうすればいいだろう?**

過去に学ぶ必要はありますが、過去の出来事そのものが変わることはありません。**過去に起きたことに一生懸命に時間を使うのは、とてつもなく無駄なこと**なのです。

## ●膨大なタスクを効率的にこなすタスクの3原則

過ぎ去ったことに時間を使うのではなく、未来に目を向けること——。

未来のことに時間を使うためには、いま現在のタスクを効率良くこなして「考える」時間をつくる必要が出てきます。

あなたのまわりには、すごく忙しいはずなのになぜかゆったりしているように見える人はいませんか。あくせくしていなくて、いつも悠々(ゆうゆう)とした雰囲気の人。こうした人たちは、優先順位の立て方が上手なこともありますが、タスクを効率的にこなすための「3つの原則」を確実に身につけています。

**①できるタスクとできないタスクを理解している。**
**②やると決めたひとつのタスクに集中している。**
**③タスクにかかる時間を把握している。**

順に説明します。

①できるタスクは自分でやりますが、自分がやるとかえって時間がかかる優先順位の低いタスクは、迷わずアウトソーシングする。具体的には、得意な人にやってもらったり、ツールを使って自動化したりするとベスト。また、「タスクとして捉えない」という選択肢もあります。そうした観点から、まずはタスクを取捨選択します。

②やると決めたタスクに集中しましょう。ひとつのタスクに集中して取り組むと、スピードが上がり作業にかかる時間が短くなります。

③それぞれのタスクにかかる時間を把握しておくと、急用が入っても予定を調整しやすくなります。たとえば、ある作業に2時間かかると知っていれば、たとえ急用で中断しても、前後1時間ずつ振りわけるなどして確実に終えられる算段ができるでしょう。

このように、自分が得意なことを着実に行いながら同じようにほかの人にも得意なことをしてもらい、ともに突っ走れる仲間を増やしていくこと。そのためには、「原則①」がより大切なポイントになります。ここでのアウトソーシングを、僕はこう呼んでいます。

**他人と「時間の貸し借り」をする。**

たとえば、僕はプレゼンを専門分野にしてきたので、限られた時間でオーディエンスにインパクトがある話をすることは得意中の得意。だからこそ、プレゼンの依頼が多方面から舞い込みます。

プレゼンで大切なのは、コンテンツ（中身）と当日のパフォーマンスに尽きます。ですから、まずはプレゼンに集中できる最良のコンディションをつくることに注力しなければなりません。

そこで、コンテンツの材料となるクライアントのプロファイル分析や事業内容の精査は他者と協働することにしています。いわば、他者の時間を借りるわけです。ほかにも、当日の参加者や前後のプレゼンのバランスなどについての質問も投げかけておき、情報収集をまかせています。

なぜこんなことができるかと言えば、まわりから「この人がオーディエンスにもっともインパクトを与えるプレゼンができる」と思われているから。言い換えると、僕は僕で得意なことを他者から丸ごとまかされているというわけなのです。

## ●「自分のミスパターン」をリカバリーする仕組みをつくる

ほかの人にタスクをまかせることは、リスクヘッジにもつながります。

じつを言うと、僕はとても忘れっぽい性格。最近では、なんとイベントのダブルブッキングをしてしまいました。あまりに忘れっぽいので、僕のビジネスマネージャーが「この人の『忘れる力』はすごい！」と絶句するレベルです。言い訳はできませんが……多くの仕事をやっているので、どうしても見落としてしまうことがあるのです。

そこで僕は、「忘れたらどのくらいインパクトがあるか」という基準でタスクの優先順位を決めています。つまり、「見落としたらまずい」タスクを先に持ってくるわけです。あまりに忘れることが多いので、見落とすことを前提にして考えているのです。

そんなとき、「僕の代わりに覚えておいてくれる人」をつくることがとても大切になります。あくまでも自責をベースにしながら、ミスをしやすいタスクには共同責任者をつくってしまうのです。

僕ほど忘れっぽい人もそうそういないと思いますが、じつはここに仕事について忘れてはならない重要な示唆があります。それはなにか。

**人は絶対にミスをする。**

もはや開き直っているようですが、ミスをしない人なんて世界広しといえどもまずいません。誰もが絶対にミスをするのです。ですから、**ミスをすることを前提に、自分の「ミスり方のパターン」を把握しておき、ふだんから人を頼って備えておくことが大切**なのです。

そのときに注意したいのは、ミスをリカバリーしてくれる人にとっても、インセンティブになるような頼り方をすること。

たとえば、プレゼンのためにリサーチをしてくれる人が、そのリサーチ能力をより高められるフィードバックを得られたり、具体的に評価されたりする仕組みをつくる。そうでなければ、ただヘルプさせただけになり、モチベーションはもとより結果的に仕事の質も下がるでしょう。

まとめると、前項の「原則①（できるタスクとできないタスクを理解している）」でタスクを取捨選択し、「原則②（やると決めたひとつのタスクに集中している）」で集中力を上げてコンテンツをつくっていきます。コンテンツをつくるうえで迷ったり、アイデアを出しにくかったりするときは、先の【「考える」ための3フェーズ】（34ページ参照）に従ってほかの人に協力してもらいます。

そして、こんなことができるのも、すべて「原則③（タスクにかかる時間を把握している）」で自分の仕事のスピードを把握しているからなのです。

## ●遅れを引き起こす障害＝ボトルネックを見える化する

仕事全体のスピードは、ボトルネックによって左右されます。

これは、物理学者のエリヤフ・ゴールドラットが書いた大ベストセラー『ザ・ゴール』（ダイヤモンド社）でも詳しく紹介されている「全体最適化理論」のこと。全世界で1000万人以上が読んだとされ、ビジネスの原則としてよく知られています。

つまり、自分が最高のスピードを出せる状態にするには、まずボトルネック（遅れを引き起こす障害）を知り、それをどう改善するかがポイントになるというわけです。つかえているところを取り除き、突っ走れる状態にしておくということですね。

そこで、「原則③（タスクにかかる時間を把握している）」（43ページ参照）の話に戻りますが、まず自分の仕事のスピードを把握することが、仕事や学習全体のスピードを左右するポイントになります。自分の仕事のスピードが速くなったかどうかを知るには、そもそも自分の仕事のスピードを知っておかなければならない、ということはおわかりいただけると思います。

いまの自分のスピードを測るためには、仕事の中身をすべて棚卸しする必要があります。そして、すべてのタスクについて「どのくらいの時間で完成するのか」を順に測っていきます。

このとき、あまり細かく測るとその作業自体に時間がかかってしまうので、だいたいの感覚でいいでしょう。あるタスクにかかる時間が1時間なのか3時間なのか、はたまた丸1日なのか。そのくらいの単位でも十分。いずれにせよ、なににどのくらいの時間をかけているのかを知ることが大事です。

実際にやってみると、「えっ！　会議にこんな時間をかけていたの!?」「細かい事務作業が多過ぎる……」と、きっと驚くはず。意識せずに無駄に費やしている時間は、みなさんが思っている以上にとても多いものです。

ちなみに僕の場合、たとえば1時間のプレゼンのコンテンツをつくるなら、どんなテーマであれ3時間あればスライドがつくれます。つまり、パソコンに向かう時間を必ず3時間は確保する必要がある。ただし、それはあくまで作業時間です。アイデアや構想を練る「考える」時間は、また別に確保することになります。

そして次は、「時間がかかっている」と思うタスクの改善案を練っていきます。ここに、あなたのボトルネックが潜(ひそ)んでいるわけですが、一般的にボトルネックとなっている事柄にはこのような要因があります。

- **習熟度が低い。**
- **やり方が自己流。**
- **そもそも興味がなく嫌々やっている。**

**習熟度が低かったり、やり方が自己流だったりする場合は、練習を重ねたりうまくいっている人に教わったりすることで解決する可能性がぐんと高まります。**自分の絶対スピードが上がると成長の実感も得られるので、やればやるほどモチベーションも上がっていくでしょう。

## ●自分にとって「意味がないこと」をやめる勇気をもつ

では、「興味がないこと」や「嫌々やっていること」にはどのように向き合えばいいのでしょうか？

僕は、**「自分の人生において意味がない」と思うなら「やらない」ことを強くおすすめします。**嫌なことなんてやらなくていいのです。逃げちゃえばいいんです。

もちろん、これは万人にあてはまる方法ではありません。逃げられないこともあるだろうし、その人の性格にも大きく関係します。それでもなお、僕は「やらない」「逃げる」という選択肢を持っておくことはとても大切だと思っています。

仕事であれば、自分の苦手なことが得意な人を見つけておくのもひとつの手。向いていないのにやっていると、時間もかかるし完成度も上がらない。かえって人に迷惑をかけてしまいます。

であれば、迷わず人に頼ればいい。ほかの人の時間を借りて、別のかたちで時間を返して、できる限り自分の貸しが多くなるような状態にしておく。ここで重要なのは、**相手とWin-Winになるための「交換条件」を考えること**でしょう。

相手が自分をヘルプすることで利益になるような状態をつくればよく、それが「交換条件」になる。ちなみに、僕は数字に関する仕事はからきしダメ。国家予算級の単位で計算をミスってしまうので、エクセルを使うような仕事が発生したらその道のプロに頼むことにしています。そして代わりに、その人の苦手なタスクはできる限りカバーします。

「そんなに簡単じゃないよ」という意見があるのもわかりますが、僕がいちばん伝えたいのは、「自分がいちばん幸せな状態を考えよう」ということなのです。

これだけ多様な価値観が世の中にあることが明らかになり、個人の選択肢も無限に広がりつつあるいまの時代。それでも、人に与えられた時間の総量は変わらない。だからこそ、僕は**「時間の貸し借り」が欠かすことのできない考え方**だと確信しています。

**お互いの時間を有効に使うことで、みんなが面白い体験をたくさんできる**ようになる。時間は有限でとても貴重だからこそ、その時間を自分のためにたくさん使えるようにして、もっと幸せを追求していいのだと思います。

逆に、後ろ向きの言動で誰かの生きるスピードにブレーキをかけるのは、僕に言わせれば「時間泥棒」。また、なにも与えるつもりがなく、他人の助けばかりを求めるのは「時間の借金王」とでも言えばいいでしょうか。

よくいる、お世話になっている取引先だからとわざわざ挨拶のためだけに大勢でやってきたり、失礼にならないようにといちいち電話したりしてくる人は、「礼儀正しく時間を奪う人」なのです。

礼儀を重んじるあまり人の時間を奪ってしまうよりも、どんどん自分の時間を貸したり、相手の時間を借りたりして、もっとスピーディーに、面白い世の中に変えていくほうが断然いいと思いませんか。

「与える時間がない人はどうすればいいの？」と言う人もいますが、自分の時間を貸すことは、小さなことならなんらかのかたちでできるはず。人の助けになることなら、どんなことでもいいじゃないですか。資料作成を手伝ってもいいし、経費の計算を代わりにやってあげてもいい。

まずは、「時間の貸し借り」をして信頼関係を築いていくことが大切。これを続けていけば、知らないうちに自分自身が相手にとっての「時間の投資先」になっていきます。

**ポイントは、先に貸しをつくる**こと。得意なことを自分で決めて、その得意なことで先に相手の役に立ってしまいましょう。すると、自分がやりたいことをしたいときや、困ってしまったときに助けてもらえるようになります。

# 会社名、役職を外して仕事をしてみる

## ●自分を客観的な立場から俯瞰する

相手の役に立つには、やはり「自分がもっとも価値を出せること」。つまりは、「得意分野」をつくるべく鍛錬することが大切になります。先に書いた、自分の仕事の棚卸しによって、速く終えられることや楽しくできることを見つけることが、まずはやったほうがいいことになるでしょう。

自分に得意なものがないと、「時間の貸し借り」がフェアではなくなりいずれ機能しなくなります。なぜなら、一方的に他人の時間を奪うことになってしまうからです。

では、どのように自分の得意分野をつくればいいのでしょうか。

最近、知人である某社の人事担当者からこんな話を聞きました。ある50代のビジネスパーソンが早期退職をして、退職金をたっぷりもらいつつ転職活動をしようとしたそうです。でも、それまで転職活動をしたこともないからやり方がまるでわからない。そこで、模擬面接でトレーニングすることになり、知人が「どんなお仕事が得意でいらっしゃいますか」と問いかけたときのことです。

「部長職ができます」

あまりの想定外の返答に、知人はしばし絶句。ちなみに、トレーニングを受けている男性はかなり有名な企業の元部長です。

「部長職……というのは、具体的にはどんなお仕事を？」

「決済とかです」

「決済？」

「いや、稟議書にハンコを捺してですね……」

「それは機械でできますよね？」と、知人は言いかける寸前だったそう。でも、本人にってはそれが部長としての仕事だったのです。会社から役割を与えられ、特定のフォーマットで稟議書などを提出させて、「ここが空欄のままになっている」「てにをはがおかしい」などとケチをつけて突き返すのが仕事だったわけです。

すると、当然ながらまったく汎用性がない仕事なので、50歳を過ぎたような年齢では転職先が決まるはずもありません。これは極端な話でもなんでもなく、転職市場で実際によく起こることだそうです。

こんなことにならないように、みなさんに絶対に覚えてもらいたい大切なことがあります。

**「外のものさし」を持つこと。**

自分がマーケットのなかでどんな場所にいるのか。自分はどんな価値を与えられるのか。

**「外のものさし」を持って、いまの自分を客観的な立場から俯瞰（ふかん）して捉えることで、自分の本当のバリューが見えてきます。**

また、なんとなく習慣でやっていることや、あたりまえのこととして定着しているタスクについて疑問を持つことも大切でしょう。外の目ばかりを気にするという意味ではなく、いついかなるときも自分を客観視しようということです。

そうした意識が、自分の「時間の使い方」にダイレクトに返ってきます。

## アウトプットこそ、自分を変える最強の方法

では、どうすれば「外のものさし」を持つことができるのでしょうか？

これについては、まず実際に自分がふだんいる場所から外へ出ることがきっかけになるでしょう。たとえばスポーツが好きならスポーツ関係のボランティアをしてもいいし、なんなら選手を目指してもいい。もちろん、複業を考えてもいいわけです。

とにかく、**「外のものさし」を持つには、アウトプットする場を外に持つことが大切。**

外の世界で自分がどんな評価を受けるのか、一度晒(さら)される状態を意図的につくるわけです。

言い換えれば、アウトプットしなければならない状況を自分でつくるということ。いつもと同じ生活のままで「アウトプットしなきゃなあ……」と思っていても、いつまでもアウトプットなんてできません。

もし、いまアウトプットを迫られる状況にないのなら、自分でその機会をつくればいい。

これが、「自分を変える」ということです。

当然、そこでは自分が勤務する会社の名刺なんてまったく通用しません。だからこそ、

「自分自身がユニークな立場でないと絶対にリスペクトされない」ということが肌感覚でわかるのです。

つまり、**自分に「タグ」がついていないと厳しい**ということ。

たとえば、「あ、プレゼンが得意な澤さんですね」と、会社名ではなく「～が得意な人」と言われなければならないわけです。

ですから、**僕は常に得意なことについては「打率10割」を目指しています**。

本当に自分の軸にしたいなら、そのくらいの意識を持ちたいものです。もちろんミスや失敗は起こるものですが、あくまで目指すのは10割。油断してはダメなのです。

あのイチローですら、「打率が高い人でも10回のうち7回は失敗する」と言っています。

**「自分の記録を塗り替えるには10割以上の力が必要」**

稀代(きたい)の天才打者ですら、このように考えて日々の鍛錬を積み重ねているのです。

## アウトプットしなければ、誰もあたなに気づかない

客観的に自分の立ち位置を捉えることができたら、次はそれをはっきりと言語化してみましょう。肩書や役職は会社から与えられるものに過ぎません。本当の自分の力を見極めるには、自分のコンテンツを新しくつくり、アウトプットし続けることが大切なのです。

僕は、**アウトプットが人を大きく成長させる**と考えています。

その手段は、ブログでもツイッターでも街頭演説でも、なんでもいいんです。アウトプットをすれば、次第にそれに賛同してくれる人、つまり味方が増えていきます。味方ができれば、良質なフィードバックを得ることで自分の考えをより深めていくことができます。そして、「外のものさし」を持つことにもなり、より広い視点から自分を客観視でき、さらなる目標を考えることができます。

このアウトプットがどうも日本人は苦手。「あれをしてはダメ、これもしてはダメ」という教育を長く受けてきたせいもあり、子どものころから失敗を怖がる習慣がついてしまっているんですよね。

でも、多少不器用でもいいじゃないですか。どんどん積極的にアウトプットしていきましょう。

**他者に対して、自分の熱いパッションをシンプルに伝えることが大切**なのですから。

とはいえ、いい情報を上手にアウトプットするにはどうすればいいのでしょうか。

これはもう「鶏が先か卵が先か」のような話で、**いい情報を発信するといい情報が受信できる**ものなのです。デキる人はアウトプットすることでどんどんいい素材を集め、どんどんいいコンテンツを生み出しています。

そのためには、**常に優れた情報にアンテナを高く張りながら、必ず発信を同時に行う**ことが重要。アウトプットすると、それに対するフィードバックが返ってきて、世の中と自分の位置関係を認識することができます。「どんな考え方が世の中にあるのか」を知るうえでも非常に重要なアプローチになることでしょう。

僕自身も、アウトプットすることによって成功体験を得てきました。これはひとつの選択肢であり、アウトプットをすれば誰しもが必ず成功するとは言い切れません。ただ、ひとつはっきりしていることがあります。

**アウトプットしなければ、誰もあなたに気づかない。**

これは絶対的な事実です。

だからこそ、僕はキャリアに関する相談を受けたときには、

「とにかくアウトプットしてごらん！」

とアドバイスするようにしています。

## ●アウトプットの第一歩は「数える」こと

「でも、そのアウトプットするものがないんだけど……」

そうやって嘆（なげ）く人もいます。

そこで、自分だけのコンテンツをアウトプットできる、とっておきのコツをご紹介しましょう。それは、とても簡単なことです。

**数えられるものからはじめる。**

つまり、**自分の持っているものを振り返って、数字に変えるところからはじめてみる**のです。でも、これがみんな結構できていない。

「数値化なんて難しいこと、自分には無理かも」と思う人の気持ちはわかります。なぜなら、僕も数字は大の苦手だから。

でも、アウトプットに難しい計算はいっさい不要。だって、数えられさえすればいいのですからね。

たとえば僕の場合なら、「『昨年（２０２０年）１年間で１９６回』のオンラインでのプレゼンをしました」。

あるいは、「マイクロソフト社にいたとき、『10年連続』で会社主催イベントの参加者の満足度アンケートでトップを獲得しました」。

そんな話は、単純に数えれば済むわけです。

では、これを聞いた人の気持ちはどのように動くでしょうか。

「そんなにやっているならプレゼンのプロにちがいない」

「10年もトップをとり続けているなら、きっと講演やセミナーをしてもらっても面白いのだろう」

そんなかたちで相手に自分のことを、具体的に印象づけることができる。

そう、人は数字に注意を引かれるのです。


**なぜなら、数字は世界の共通言語だから。**


やったことは、ただ「数えた」だけ。でも、それだけで周囲にインパクトを与えることができます。数えることで、市場価値を高めることができるのです。

これはとても大切な考え方なのでCHAPTER05でも詳しくお伝えしますが、**あなたのなかには必ずアウトプットできるものが存在します。**ただ、それに自覚的でなかったり、スキルの組み合わせ方が良くなかったりしているだけのこと。そのために、数字で表現できる状態になっていないのです。

また、自分が得意だと思っていることは、できると思っているだけに意識的に振り返らないことも往々にしてあるでしょう。

そこで、**アウトプットするものに迷ったら、まずは指折り数えられるものからはじめれば、きっかけをつかむことができる**のです。

自分の「働き方」を考えるときにも、数値化することは結果を出していくうえでとても大切なアプローチとなります。

たとえば、あなたが人事部で採用を担当しているとして、採用人数だけを成果と捉えていれば、いつまでたっても成長はできません。そうではなく、その良い人材を採用するまでにいったい何人の人と会って、どのくらいの情報ソースを使って、何通くらいメールのやりとりをして、どのくらいの時間を費やして採用に行き着いたのか。そうしたことを、自分自身で分析してみるのです。

また、なにをもって「良い人材」と判断したかという定性的な情報も分析できるはず。「行動力」「機動力」「知力」……というように、まるでロールプレイングゲームみたいに能力を分解できるかもしれませんね。このように、**「なにか数値化できることはないかな？」と考えるだけでも、いろいろなものが効率化できてあなたの働き方は以前とはまったく変わってきます。**

ここで、すぐにわかる「デキる人」の特徴を紹介しておきましょう。それは、こんなことです。

**ざっくりした言葉を使わない。**

「いつも」「みんな」「たくさん」といった感覚的な言葉をよく使う人は、厳しい言い方になりますが、「わたしは、仕事ができない人間です」と自己紹介しているようなものだと僕は見ています。使う人にとってどうとでも意味が変わる言葉を使っていては、ビジネスで正確な現状認識ができるわけもなく、問題解決に至ることもありません。

**「デキる人」はどんな場面でも具体的**です。データを意識した状態で考えるクセがついているので、話す言葉にもあいまいさがないのです。

自分がふだん使いがちな言葉も変わっていくので、ぜひ今日から少しずつ数値化をする習慣をつけてみてください。

そして、「デキる人」になる第一歩を踏み出しましょう。

# 自分にとって苦痛な時間を取り除く

## ●時間とは、よろこびとともに消費するもの

本章では、「時間は貴重な資源である」と繰り返しお伝えしてきました。そして最近、僕は「時間とは、よろこびとともに消費するもの」と捉えるようになりました。あるいは、「よろこびとともに消費しなければならないもの」と言ったほうがいいかもしれません。

**自分にとって苦痛な時間をどれだけ取り除くことができるか――。**

それが、時間についての僕のテーマなのです。

僕にとっての最高に楽しい時間は、ものすごくエキサイティングなときと、心からのんびりできるとき。このふたつです。

具体的には、僕のエキサイティングな時間は、多様な人たちに対してなんらかのバリューがある情報を伝えている瞬間。たとえば、プレゼンでオーディエンスの心をつかんだと

感じる瞬間もそうだし、ビジネスだけにとどまらず、子どもや学生がよろこんで僕の話を聞いてくれているときかもしれません。どんなシチュエーションでもいいので、自分のパフォーマンスによって、ほかの人に良いインパクトを与えている瞬間はとてもエキサイティングだと感じています。

そしてもうひとつは、妻と一緒になにもしないで、ぼーっとしている時間。

僕は妻と一緒にいるときがいちばんリラックスできるので、ふたりで本当になにもせずに旅行先などでぼんやりしているとき、とても幸せな気分になります。そんな時間をたくさんつくるために、仕事をがんばれるという側面もあるのかもしれません。

ここ数年、ちょっと楽しんでいるのが「チェアリング」です。用意するのは、キャンプなどで使うアウトドア用の椅子と、程よい大きさのクーラーバッグと、好きな飲みものや軽くつまめるものだけ。それらを持って近所の公園などに出かけ、椅子に座ってビールを飲みつつ本を読んだり、ぼーっとしたりするのです。これは手軽でコスパのいい、とても楽しい休日の過ごし方なのでおすすめですよ。

こんなことすべてが、僕にとっての時間に対する投資です。贅沢なんてしなくても、最高に楽しくて、心からくつろげる時間の過ごし方がある。自分たちのための、いまこの瞬間に対する投資なのです。

そんな幸せな時間を手に入れるためには、やはり「自分にとって苦痛な時間を取り除く」ことにもっと僕たちは意識的になる必要があると思います。

僕はいくら会社のルールがあっても、なるべく我慢はしないようにしていました。たとえば、通常業務以外に必要となるパソコンのソフトはすべて自腹でアップグレードします。なぜなら、自分でお金を払ってでも、快適な作業時間を得たいからです。

また、暑い日など快適ではない日は迷わずタクシーで通勤しました。移動にかかる2000～3000円はもちろん自腹。ですが、隣席の影響を受けない快適な移動時間が確保でき、じっくりアイデアを考えたり、メールしたり、情報をインプットできたりと、まさに時間の投資になるわけです。

「そんなお金ないよ！」と思う人もいるかもしれませんが、**なによりも貴重な資源が時間だと考えると、ときにはお金の投資だって必要**です。タクシー通勤しかり、家事代行サービスしかり、お金で買える快適な時間はどんどん買ったほうがいいと思います。

もしお金がないというなら、そのお金をどうやって稼ぐかを考える絶好のチャンス。ここまでお伝えしてきた時間とタスクについての考え方を取り入れて、自分の時間を快適にすることに徹底的にこだわれば、少しずつ仕事やお金の問題は解決に向かっていくはずです。**僕たちは、もっと自分の時間に投資したほうがいい**のです。

CHAPTER 02

# ルールと慣例を疑う

*Doubt the rules and practices*

# 過去の価値観でつくられた「同調圧力」からはできるだけ距離をおく

## 押しつけられたルールや慣例はすべて疑う

CHAPTER01でお伝えしたのは、テーマこそ時間やタスクですが、いわばこれまでの「あたりまえ」をもっと疑うことからすべてがはじまっていくということ。そして、この「あたりまえ」がもっとも象徴的かつ強力なかたちで表れているのが、CHAPTER02のテーマである「ルール・慣例」です。

まず、僕たちが知っておかなければならないのは、この**ルールや慣例というものになんの疑問も抱かない人たちが、社会や会社にはたくさんいる**ということです。

僕はそんな人たちのことを総称して、いつも「おっさん」と呼んでいます。ちょっと誤解を招きがちな表現なのですが、なかには年齢が若くても「おっさん」化している人もいるだろうし、「おっさん」のような女性もいるかもしれません。年齢や性別にかかわらず、決められたルールや習慣にとらわれた「おっさん」がどんどん増えているように感じるのです。

さて、日本の社会や会社のなかには、特に明文化されていないようなルールや慣例を押しつけることを信奉するおっさんたちが、本当にたくさんいます。

以前、全国高等学校野球選手権大会で大活躍した金足農業高校のエースピッチャーがマウンドで行う「侍ポーズ」が禁止されたことが話題になりました。僕はあまり高校野球を観戦しないので、ポーズそのものについては詳しくないのですが、禁止になった理由を知ってあ然としてしまいました。

高校生らしくないから。

これには、心底驚きました。要は、プロ野球と高校野球はちがうものであり、「侍ポーズ」は高校野球に求められているものではない。高校野球では高校生らしく振る舞うべきなのである、ということなのでしょう。

このピッチャーは、「巨人に行きたい」と発言したことも問題になり（実際にはドラフトで日本ハムが交渉権を獲得）、高野連のおっさんからこうも言われています。

（この発言については本人に対し）注意しようとは思っています。いったいなんの権限があって、このおっさんは若者の芽を摘むことができるのでしょうか。ドラフト制度上の理由もあるようですが、このピッチャーは「ドラフト制度はないほうがいい。そんなものをなくしてもらって、巨人に入団したい」と主張でもしたのでしょうか。

ただ、自分の子どものころからの夢や希望を発信しただけです。僕はこのニュースを知って、正直「またか……」と思いました。

ちなみに、例のポーズを取ることについてはメジャーリーグでもＮＧでしょう。でも、それは相手に対するリスペクトの観点からであり、自然な感情が表れることについては当然禁止などしていません。他者に対する気遣いは価値があることなので、もちろんこれはわからないでもありません。

一方で、「高校生らしくない」というのは、強烈な押しつけだと思ってしまうのです。いろいろな意見があって然（しか）るべきですが、僕は高野連とは一生わかり合えないなと感じたのでした。

この件に限らず、最近は日本のスポーツ界全体にパワハラやセクハラが横行し、おっさんたちの狭い価値観にまみれている世界だということがバレはじめています。さらに、ルールや慣例を力によって押しつけることのほかに、もうひとつ僕が酷いと感じるのは、そんなおっさんたちが試合のルールまで握っているということです。

つまり、おっさんたちの忖度が勝負にまで影響してしまうのです。

アマチュアボクシングの問題でもありましたが、おっさんが平気で審判を操作してしまうので、勝利を目指して戦う選手はみんなおっさんのほうを向いてスポーツをしてしまいます。

でも、そんなおっさんマインドはグローバル視点で見れば通用しにくいので、結果的に日本のスポーツはどんどん弱くなっていく悪循環に陥っているのではないかと思っています。日本のスポーツがいまいち伸び悩んでいるのは、体格的な問題もなくはないですが、それよりも僕は指導層や管理する側にたくさんいる、おっさんたちのせいだと確信しています。

## 「同調圧力」を感じたらその場を去る

話がビジネスから逸(そ)れたようですが、じつはビジネスの現場こそ意味のないルールや慣例がまかりとおっています。過剰接待やパワハラまがいの振る舞い、男女差別などが日常的に行われているのです。そんな世界で、僕たちはどのように行動していけばいいのでしょうか。

まずお伝えしたいのは、そんな**ルールや慣例、前例や過去の価値観などによる「同調圧力」には、まったく価値がない**ということです。

そして、できるならそれに対して声をあげてほしい。あるいは、その価値観に同調できないと思ったら、すぐにその場から逃げることもおおいにありでしょう。なぜなら、他者を変えることはかなり大変だからです。

**おっさんたちを変えることに貴重な時間を割くくらいなら、自分の立ち位置を変えていくほうが良い選択肢になる**でしょう。疑問を感じたら、自分の立ち位置をあらためて決め直したり、自分の振る舞いを変えてみたりする。そうしたことでごちゃごちゃ言われるなら、その場を去ることはひとつの方法だと思います。

僕もこれまで、同調圧力が強い場所とはできるだけ距離を置いてきました。ずいぶん前のことですが、中学校の夏期講習もそうでした。スパルタであることに美徳を感じている教師だったので、2日目から行くのをやめました。単純に、「この人からは、なにも教わりたくない」と思ったのです。

ただ、こうした行動は意外と勇気がいるものです。

なにせ日本では、小学生のころから学校やクラスのルールを厳守することを徹底され、同調圧力がすさまじい教育を受けさせられるため、「いったん決められたことに異を唱える」という発想がそもそも生まれにくくなっているからです。

そして、そんな**思考停止状態の人たちが集まることで、同調圧力はさらに強まります。**「教師はあの人で、その人の言うことが絶対だから」と考える力を失った状態になると、どんなに暴力的な教師にも我慢することになり、結果としてその教師の発言力がますます強まっていきます。

僕が見るに、若いビジネスパーソンでもそんな同調圧力に簡単に屈してしまう人や、同調圧力の存在に気づくことさえできていない人がたくさんいます。それは不幸なことに、子どものころから狭い価値観を持ったおっさんたちにルールや慣例を強制されて、思考停止のまま高校、大学まで進んでしまったからなのでしょう。

あるいは、「そういうものに従っておいたほうが、結果的に楽して生きられる」と、本能的に感じ取ってしまうこともあるのかもしれません。

## 成功体験のないおっさんほど威張る

僕の同調圧力との戦いは、若いころプログラマーとして働いていたときも続きました。

僕の経歴はちょっと変わっています。2020年の夏までマイクロソフト社でマネジメントをする立場にいましたが、もともとはいちプログラマーとしてキャリアをスタートさせました。すると、「上昇志向が強かったのか」と思われることもあるのですが、まったくそんなことはありません。むしろ、役職という会社から与えられたものに依存するのはカッコ悪いと思っていたほどです。

就職活動のときにもそんな傾向がありました。ある企業から内定を得ましたが、「社名だけで選ぶのはなにかちがう」「僕自身が〝何者か〟になりたい」と急に感じ出して、大学4年の年末に内定を辞退しました。そして卒業間際に飛び込んだのが、ある生命保険会社のIT子会社でした。そこで、プログラマーになったのです。
その会社でいまでもよく覚えているのは、MDウォークマン（ちょっと懐かしい名称ですね）にまつわるとある事件。僕はあるとき、イヤホンを耳につけず、MDウォークマンをただ机の上に置いて仕事をしていたのでした。
すると、上司がこんなことを言ったのです。

「仕事に関係ないものを机の上に置くんじゃない」

一瞬、意味がわかりませんでした。机の上にあるウォークマンと、引き出しに入っているウォークマンとでは、科学的にどんなちがいがあるのかまったく理解できなかったからです。だから、僕は素直に訊ねました。

「理由はなんですか」
「仕事に関係ないからだ」

「だから、机の上にあることでどんな影響があるのですか」
「黙れ、ダメなものはダメだ、しまえ」

要は、論理的な説明はなにもできないということです。僕からすれば、部下の時間を奪って無用にイライラさせている時点でチームのパフォーマンスを下げており、マネージャーとしては完全に失格です。僕も生意気な若者だったのでしょうが、納得いかないことは納得いかないと伝えたほうがいいと思ったのです。

最終的には、「おまえは年上に対する口の利き方がなってない」と言われて、僕はもう時間の無駄だとあきらめました。

これは、先の高野連とまったく同じ構図です。

若手は若手らしく上の者の言うことを聞け。

そういう意味を持った、同調圧力なのです。こんなことが重なり、僕はその会社をやめることに決めたのでした。

あなたのまわりにもこんなおっさんはいませんか？

僕はいま会社でなんらかのビジネスの決定をするような立場にいる人たちに、このようなおっさんがとても多い可能性があると見ています。

でも、そんなおっさんたちは、じつは僕たちが参考にできる成功体験を持っているとは限りません。なぜなら、**日本のピークは約30年前に終わっている**わけですから。

そう、バブルは多くの偶然の産物であり、努力の結果と言い切れない部分があるからです（もちろん、僕の親も含めて一生懸命働いていた人たちがいたことは間違いありませんが）。

あれは経済の暴走に過ぎなかったということを考えると、日本の大きな成功事例と呼ぶにはふさわしくないかもしれません。そして、当時のビジネスの考え方やそのころにできたルールや慣例は、状況があまりにも変わったため、いまの時代にはほとんど参考になりません。

そんなことも、いまの若い世代の人にはぜひ知っておいてほしいと思います。

## 自分の人生を他人に決めさせてはいけない

みなさんは、これまで自分の人生のターニングポイントにおいて、どのような決断をしてきましたか。

入試や就職、転職や結婚などいろいろなターニングポイントがありますが、そのときに両親や親友、先生や先輩たちに相談して決めた人もいることでしょう。信頼できる人に相談すると、自分では気づかなかった視点から課題を見られるので、自分の考えや視点の「抜け漏れ」を知ることができます。できる限りたくさんの人からのアドバイスを吸収しながら、自分で考えをまとめて最終的に自分で判断する。

僕はこれこそ、人生そのものだと思います。

**そのとき大切になるのは、やはり「自分の頭で考える」ということ。**

たくさんの情報を得るのはいいのですが、他人の考えばかりを重視してしまって、自分の頭で考えなくなるのはちょっとちがうと思います。

相手がどんなに年上でも、経験が豊かでも、知識が豊富でも、社会的地位が高くても、その人はみなさんの人生を生きることはありません。また、みなさんもその人の人生を生きることはありません。**憧れたり、参考にしたりするのはいいですが、他人の人生を追いかけることに意味はない**のです。

この世に生まれて生を与えられた以上、とにかく自分で判断することがもっとも大切なこと。失敗したり後悔したりすることも起こりますが、そんなことも含めて自分の足で前に進むしかありません。

**自分の人生を他人に決めさせてはいけない。**

自分の頭で考えて判断することに、年齢は関係ありません。どんなに若くても、逆にどんなに年を取っていても、常に自分の頭で考えて決めること。それこそが、人生なのです。

親についても同じことが言えます。

いくら親身になってくれていても、親がみなさんの人生を生きることなどないですよね。

ましてや親の世代の経験則は数十年前のものであり、現代に通用するとは限らない。仮に「まだ親も現役で働いている」と言っても、20代や30代ではないのだから、見えている世界はまったくちがうはずです。

同じ時代に生きていても、それこそ20代と50代では生きている世界がまったく異なると言っていいほどに、触れている情報もちがえば、コミュニケーションの中身もちがいます。参考意見として聞くのはいいかもしれませんが、従わなくてはならない理由もないと断言できます。

もっと言えば、**若い人たちはものすごく大きな可能性を持って生きている**のです。

僕はすでに50歳を過ぎ、ある程度は自分の可能性を選択するフェーズに差しかかっています。残りの人生の長さを考えると、しなければならないことや、やりたいことを取捨選択する必要性に迫られるでしょう。

でも、いま20代や30代だったなら、選択肢はまだまだたくさん残されています。だからこそ、「こうしなければならない」と言われることに振りまわされずに、あなただけにしか見えない選択肢に気づかなければなりません。

そして、**40代、50代の人は、僕と同じように「しなければならないこと」をある程度決めて、広い視野を維持しながらより磨きをかけていきましょう。**さもなければ、あてにならない情報やアドバイスに、いつまでも振りまわされることになりかねませんから。

僕は、成功したことがないおっさんたちが、過去の考え方や価値観を若者に押しつけることこそ、もっともやってはいけないことだと思っています。

若い世代の人たちも、信じる前にそれを疑おう！　そこからすべてははじまるのです。もちろん、「あなた、成功してないですよね」などと面と向かって言う必要はありません。無用な対立をしても時間の無駄。おっさんたちが無自覚に生み出している同調圧力に対して、自分自身が変わっていく勇気が必要なだけです。

**戦うもよし、逃げるもよし。いまは、同調圧力がない世界はいくらでもあります。**そうした場所を自分のベースにして、どんどん自分の頭で考えて前に進んでいってください。

# 意識の低いおっさんたちからの「風あたり」を楽しむ

## ●なぜ女性はおっさんに邪魔されるのか

無自覚な「同質性の強制」にもっとも影響を受けているのが世の中の半数を占める女性たちです。

みなさんの職場に、女性の役員はいますか？

日本の一般的な会社では、たいていの場合、男性が圧倒的多数を占めています。２０２０年３月期決算の**上場企業２２４０社における女性役員の割合は、役員全体のわずか６％にとどまっており、約５割の企業では女性役員ゼロ**という状態だそうです（東京商工リサーチ調べ）。米ＮＰＯ「カタリスト」の調査では、北米、ヨーロッパ、アジア太平洋地域20カ国の主要企業１５００社で比較しても、日本はぶっちぎりで最下位。これって、どう考えても異常なことだと思いませんか。

僕はイベントに登壇する機会も多いのですが、そのとき女性で登壇される方はたいていいつも同じ人です。絶対数が少ないぶん、声がかかる女性にどうしても偏りが出てしまうのでしょう。

無意識のうちになされる「同質性の強制」は、地方ではさらに強いように感じます。僕は沖縄の琉球（りゅうきゅう）大学で客員教授をしている関係で女性の学生と話す機会も多いのですが、驚いたのは、将来は「結婚するか、公務員になるか」の二択で考えている女性が結構な数でいたことでした。これは琉球大学の学生が特別なわけでなく、むしろ、一般的な考え方として浸透しているように感じます。

もちろん、こうした意見には個人差があるため決めつけることはできませんが、女性にはどうしても「イメージできる選択肢が少ない」ことが現実としてあるのでしょう。要は、「ロールモデル不足」がひとつの原因。自分たちが目にするお手本が少な過ぎて具体的にイメージできなかったり、実際に活躍している女性たちがあまりにレベルが高過ぎて、「わたしとはちがう」と引いてしまったりするわけです。

女性が社会や仕事でもっと活躍するために必要なことは、本質的に男性と変わりません。マーケットに対してバリューを生み出すことであったり、「外のものさし」を持って自分の立ち位置を考え、キャリアを形成していったりするという点は同じなのですから。

ただし、特に日本において、男女差が顕著に影響するのがライフイベントの差かもしれません。たとえば、出産というイベントは女性と男性ではどうしても意味合いが異なりますよね。ほかにも、女性にはどうしても体調のアップダウンに影響を受ける面があるため、男性と同じように振る舞えないときがたくさんあるのです。

しかしながら、そんなことをまったく理解できないおっさんたちが支配している社会で、女性はパフォーマンスを出さなければいけない。ということは、最初からものすごく不利な状況に追い込まれていると見ることができます。**「女性の社会進出」や「女性の活躍」というキーワードに対して、斜に構えて心ない言葉を発するおっさんたちが、世の中には満ちあふれている**のです。

なかには、「女性の敵は女性」なんて言う人もいますが、社会を動かす立場にいる圧倒的多数がおっさんなのは厳然たる事実。そのおっさんたちが行うちょっとずつの邪魔の積み重ねが、女性の道を阻んでいることを僕たちはしっかりと意識しなくてはなりませんし、少しずつ変えていく努力をする必要があります。

たとえるなら、女性が渡ろうとしている橋をすべて壊すほどの力はないくせに、邪魔なところに自転車を止めてみたり、バナナの皮を落としてみたりということをしているのが、意識の低いおっさんたちの行動。

そしてほとんどの場合、それらは無自覚に行われているのです。

## ●「風あたりが強い」のは最前線にいる証

だからといって、いきなり「ロールモデルになる女性をたくさんつくろう！」と声を荒らげたところで、そう簡単に社会は変わりません。変革のために整えなくてはならない下地があまりに多いため、せっかく女性の声が少しずつあがりはじめてきているいま、成功を急いでしまうと、ビビったおっさんたちの反動ですべて台無しになりかねません。

そこで、僕がまず大事だと思うのは、みんながそのようなムーブメントの「邪魔にならないようにする」という消極的な選択肢です。よく、「女性は我慢しないでもっと強くなるべきだ」と表現されることもありますが、僕に言わせれば、別に女性が強くなって男性を攻撃する必要などありません。

ただ、女性の立場を男性と同じようにオープンにすればいい。

単に、男女の差という情報を開示し、それを認めるだけの話だと思うのです。

**これも、「あたりまえ」を疑うという話ではありませんか。**

男性の女性に対する圧倒的無理解に加えて、女性のほうでも「男性がどれだけわかっていないか」を甘く見積もっていることで、男女の認識にはかなりのギャップが存在しています。

そして、実際に戦って痛い目を見た女性は体感で学んでいくわけですが、そうではない大多数の女性は、「なぜうまくいかないのだろう？」「どうして同じように働けないのだろう？」と立ち止まってしまい、つい感情的になってしまうこともあるのだと思うのです。

女性と男性は生理的にもともと差があることを前提にしなければならないのに、その前提があまりにないがしろにされているため、いまの日本ではさまざまな問題が生まれているのだと見ています。

**「同質性の強制」を解消していく役割に、男女もなにもありません。**もしあなたが男性なら、あなたの妻や彼女や娘はどうなるのですか？

**「それは間違っている」「それはおかしい」ということについて、男性も女性もしっかりと言語化し、社会に伝えていく習慣をつくらなければこの日本社会は変わらない**のです。

もしみなさんのなかに、本当に女性の活躍をサポートしたいと思う人がいたら、ぜひそうした行動をどんどんしてください。場合によっては、風あたりが強くなるかもしれません。でも、そのほうが間違いなく人生は面白いにちがいありません。なぜなら、

**風あたりが強くなる＝最前線にいる**

ということだからです。

最前線にいる人には、後ろのほうにいる人には見えない風景が見え続けます。もちろん男女問題に限らず、これは人生のすべてにあてはまる法則です。

僕たちは時代の最前線で、面白い風景を見続けましょう。

# 正解を探す呪縛から解放される

## ●正解を探したらイノベーションは生み出せない

ここまで、この社会に存在するさまざまなかたちの「同調圧力」について書いてきました。また、それに対して「これはおかしい」と疑うことや、風あたりの強い場所に身を置くことについてもお伝えしました。

でも、そんな行動を取る自信がない人もいると思います。

ここで、一歩引いて考えてみましょう。なぜ僕たちには、なにかをするための自信を持てないことがあるのでしょうか？

これもまた教育制度の話に戻ってしまいますが、簡単に言うと、**僕たちは「どこかに正解がある」と教えられてきた**からです。

正解があるという前提で考えているから、正解を持っていそうな人の意見ばかりを聞いたり、従ったりしてしまうのです。また世の中には、自分たちの世代の体験をもとにして、若い人たちに「正解のようなもの」を教えることでお金を稼いでいる人がたくさんいます。

でも、はっきりしていることがあります。

**正解を求めたら、絶対にイノベーションは生み出せません。いや、正解がある時点でイノベーションではない**のです。

面白いエピソードを紹介しましょう。アメリカのシリコンバレーでは、スタートアップ企業の面々が、投資活動を行うベンチャーキャピタリストに旺盛なプレゼンを日々繰り広げています。そんななかで、ベンチャーキャピタリストたちがよく言うのがこんなセリフだそうです。

「He is very smart. Plan is good. But, he is not enough crazy.」

意訳すると「彼はとても優秀だし、プランも悪くない。でも、たいして狂っていない」ということ。

十分に狂っていないことが出資を断る理由になるなんて、日本とはまったく逆の考え方で面白いと思いませんか。いわば、「おい逃げろ、あいつはビジネスプランだけだ」というわけですね。日本ならまず、「君の夢はわかったから、ビジネスプランを持ってきなさい」と言う場面でしょう。

もちろんビジネスのフェーズによっては、ビジネスプランや財務管理はとても重要な要素。でも考えてみれば、これから起業するのにエクセルでビジネスプランを立て、最初から出口戦略まで見据えているような人や会社は、「つまらない」とも言えるでしょう。賢いかもしれない。先を見る力もあるのかもしれない。でも、ビジネスに正解はない。正解を求めることに時間を使っている時点で、「この先イノベーションは起こせないだろう」という評価になるのです。

そこで、僕からの提案です。

**正解を探す呪縛から解放されよう。**

これは、組織だけではなく個人でも同じこと。

日本人はあまりに「正解探し」がクセになり過ぎています。もちろん正解が存在する問題もありますが、人によって解釈が異なってもいい問題は同じくらいたくさんあるはず。

**僕たち日本人がもっともっと多様な考え方を受け入れられるようになれば、大きく成長できるポテンシャルがある**のではないかと僕は常々考えています。でも、どこにあるのかもわからない正解を探している間に、ほかの国の人たちはトライ&フェイルを繰り返してどんどん成長しているという事実があります。

成長するためには、失敗をもっと許容する環境をつくっていかなければなりません。現実には、失敗するとその人の人格を否定したり、そこまでいかなくても再挑戦しにくい雰囲気をつくったりする傾向が強いように感じます。

でも、そんな圧力に負けてはいけない。

**僕たちがこれからもっと成長するためには、どんどん挑戦して早めに失敗し、さらに再挑戦できるような空気が絶対に必要**なのです。

## 過去のルールや価値観は、絶対に時代遅れになる

近年「AI が発達すると人間を超えてしまう」などとよく話題になっています。

いわゆる「作業」の部分は、いまの時点でAIはすでに人間を超えています。いまのところロボットをつくるほうがコストがかかるため普及していないだけで、いずれコストが下がれば、ロボットが行うほうが正確で速い作業やタスクはどんどん人間からロボットに置き換わっていくでしょう。

そんな「働き方」が根本的に変革している時代に、僕たちが頼るのは成功体験のない人たちがつくったルールや慣例でしょうか。いまだ女性たちを見えない枠に押し込めるような、時代遅れの偏狭（へんきょう）な価値観でしょうか。

これからの時代、僕たちはそんなことをしていたら幸福に生きてはいけません。**大切なのは、一定の考え方や価値観に「固定化」されないこと**です。

これは、CHAPTER01で述べた時間の使い方にもダイレクトにかかわりますが、時代があまりに速く進んでいるがゆえに、僕たちは自分たちを「固定化」せず、常にアップデートしていくことが生命線になっているのです。

僕の場合なら、「プレゼンが得意」と自らを定義していますが、ひとくちにプレゼンと言っても、パワーポイントをつくって、ステージで語るというスタイルだけではありません。実際のプレゼンは、それこそさまざまなスタイルで行います。たとえば、オンラインサロンであったり、僕が毎日配信しているボイスメディア『Voicy』で不特定多数の人に語りかけたり（『澤円の深夜の福音ラジオ』）、ツールもなにもない野外で行ったりと、プレゼンのスタイルを更新していくことが欠かせないのです。

もちろん、自分の立ち位置やブレない個性を定めることは重要ですが、そこから進化させていくことが同時にとても大切なことなのです。**そのように自分の得意なことをアップデートしていけることは、みなさんの強い武器となる**でしょう。

そのためには、まず大前提として「自分はなにができるのか」「自分はなにに興味を持っているのか」「どれほどそれに夢中なのか」といったことを紙に書き出し、しっかりと言語化しましょう。

そして、それらを少しでもいいので行動に移し、高速で成長させ続けるのです。少なくとも、その意識を持つことがとても重要ではないでしょうか。

**過去のルールや慣例や価値観は、絶対に時代遅れになる**もの。それを頑(かたく)なに守ろうとしても、時代が高速で進んでいるのは揺るぎない事実なので、必ずマッチしなくなります。

僕たちは、そうしたことにもっと敏感になる必要があるのです。

# 肩書ほど脆いものはない

## ●肩書をプライドにするのは不幸のはじまり

自分をより深く理解するには、「他人から与えられたもの」に振りまわされていないかどうかに敏感になってみてください。

その意味で、**僕は肩書というものにほとんど興味がありません。**

僕はわりと高い役職を所属していた企業から与えられたこともありましたが、僕はそこに自分のプライドを合わせていませんでした。ただ、「企業の顔としての自覚をより一層持ちましょうね」ということを意識させるための称号というのが本質的な意味だと思います。

高い役職名がつくと、日本ではとてもポジティブに受け取ってもらえてお祝いの言葉をいただきます。

自分がやってきた仕事が会社に認められ、僕の仕事ぶりを評価してくれる人たちが会議などで推薦し、承認するプロセスがあったからこそその肩書は付与されました。僕のために時間を割いてくれた人がいたことに対してとても感謝しています。よろこんでくれる人が周囲にたくさんいることも、僕にとってはうれしいことでした。

それでも、僕にとって肩書自体は自分の本質とは別の存在なのです。周囲の人がよろこんでくれていることに対しては、心から感謝して「ありがとう」と言います。しかし、自分としては「名刺に追記するものが増えた」という受け取り方をしていたのです。

その出来事で、「日本人は本当に肩書が大切だと思っているんだ」とあらためて肌で感じました。


でも、**肩書って「与えられたもの」に過ぎませんよね？**


会社から与えられた肩書は、ときとして「君はこの肩書に合わせた状態で動きなさい」という指令のようなもので、これもある意味では同調圧力かもしれない。だって、肩書とその人物の重要性はまったく相関しないのだから。

また、**肩書というのは組織のあり方次第でなくなってしまうこともあるような、頼りない存在**だったりするのです。

それなのに、役職的に上のほうの肩書を与えられると、そこに自分のプライドを合わせてしまう人が本当にたくさんいます。そして、それこそが不幸のはじまりです。なぜなら、その**肩書がなくなった途端に、プライドごと自分がなくなってしまう**からです。あったものがなくなることに人は強く抵抗するものですが、やはりそれは、肩書という与えられたものに自分のプライドを寄せてしまった自業自得に過ぎません。

このことをある大企業の社長と語ったことがあります。

僕は彼のことが大好きで、個人的にも親しくさせてもらっています。じつは、彼は何度も肩書を「ゼロリセット」されたことがあるそうです。若くしてある企業の日本支社長などを経験しましたが、その後転職したときに平社員に逆戻りしたこともあります。それでも、いまはまた社長にまで上り詰めました。

でも、彼は上昇志向が極端に強かったり、ほかの人を蹴落としてでも上に行こうとしたりする利己的なタイプではありません。むしろ社内政治のような世界からは距離を置き、独自路線を貫くタイプだと僕は見ています。

そして、そんな彼と話していて深く賛同したのが、まさに「肩書と自分の人間としてのプライドを合わせる必要はない」ということでした。

でも、年功序列・終身雇用によってひとつの会社で一生を終えることが前提になっていた日本では、少しの肩書のちがいに異常にこだわったり、社内で肩書をつけて呼び合ったりするカルチャーが残る会社がいまでもたくさんあります。

ある商談のときに、若手の営業担当が製品説明をしていると、商談相手の人物から「君、わかってる？　わたしは部長だよ？」と言われたという話もあります。その人は、「部長である自分には無条件に価値がある」というように、肩書とプライドを一致させてしまったのでしょう。そうなると、異動や定年などでいずれその肩書がなくなったときに、アイデンティティ・クライシスまっしぐらです。退職後も、会社の名刺を持ち歩くおっさんが少なくないという話も聞いたことがあります。

自分の業績を認められたら、それにプライドを持つのは悪いことではありません。ただ、**与えられた肩書に人格を依存させるのは極めてリスクがあり、もっと言えばカッコ悪い生き方**ではないかなと僕は思います。

## ●「複業」で自分の価値を強める

では、僕が考えるカッコいい生き方とはなにか。それは、こんな生き方です。

**自分のプライドを、自分でつくり出す生き方。**

だからこそ、僕たちは「外のものさし」を持つ必要があるのです。**「外のものさし」をしっかり持っていれば、外の世界で通用しない肩書なんて必要ありません。**「外のものさし」に晒されるということは、アウェーで価値が問われるということです。

そこで、**自分には価値があるということを外の世界で知るためにも、僕は組織で働く人に対して「複業」を強くすすめています。**詳しくはCHAPTER05で触れますが、僕が「副業」ではなく、あえて「複業」という字を使うのは、本業あってのサブの仕事という意味ではなく、どれも本気で取り組む同じ重みを持つ複数の仕事であることを表現したいからです。

僕は、マイクロソフト社にいたとき、複数の肩書を持っていました。すると、異なる組織の人間とかかわることになり、自分を評価して頼りにしてくれる人もまったくちがいます。

それと同時に、琉球大学の客員教授や複数のスタートアップ企業の顧問、NPOのメンターなどさまざまな顔を持っていました。

もちろん、そんな場所では所属企業の名刺は使わなかったし、使う必要もありません。自分単体のバリューで勝負するし、また役に立とうとします。すると自然に、「肩書抜きで、自分はどうすれば役に立つことができるのか」という考え方、つまり「外のものさし」を持つことができる。いわば、自分の得意分野や貢献できるものを客観視できるようになるのです。

そして、そこで得た豊かな経験を組織に還元できるような人間は、その組織でもおおいに力を発揮できることになります。複業することが、自分にとっても組織にとっても良い循環になっていくというわけです。

「そんなの、うちの会社では還元できないよ……」

そう感じたら、それは転職のチャンスかもしれない。適性が合わないところで働いているなによりの証拠だと思います。

## ●いま乗っている列車から降りる勇気を持つ

プライドを自分で醸成(じょうせい)しながら、「自分には変わらない価値がある」ということに立脚点を持つことができると、どこでも生きていける状態になります。

僕は数年前、そのことが象徴的に記された1冊の本を読みました。それは、元米国務長官コリン・パウエルの自伝『It Worked for Me: In Life and Leadership』(邦題『リーダーを目指す人の心得』飛鳥新社)で、そのなかにとても印象的な表現があったのです。とても素晴らしい内容なので、少し引用させてもらいます。

**「放り出される前にみずから列車を降りる」**

いま乗っている列車から降りる勇気を持とう。たまたまいまの列車に乗っているかもしれないけれど、もう自分はそろそろこの列車を降りるタイミングだと思ったら、いつまでもしがみつくのではなく、降りる勇気を持とうということです。

**「私は退いたほうがいいと考えた。そうすれば、一等車に空席がひとつ生まれ、私の後ろで列に並んでいる誰かがそこに座れるはずだからだ」**

彼はこれまで、「自分の乗車券は無期限・無制限」だと信じている人をたくさん見てきたと言います。

**「四つ星将軍なのに、やめさせないでくれとぐちぐち頼みに来た人もいる——自分はずっといまの職にとどまる権利があるというかのように」**

しかし、彼は自分が長年乗ってきた列車を降りて、走り去っていく列車を眺めるのもいいではないかと書いています。

**「飲み物でも持って日陰に座り、ほかのトラックや列車でも眺めてみよう。自分が乗ってきた列車が走り去るのを見送ったら、新しい列車に乗って新しい旅を始めればいい」**

まったくちがう列車に乗り換えれば、まったくちがう方向に行くことができる。新しい旅をはじめるのはそういうことだと彼は言っているのです。

引用が長くなりましたが、これは先に書いた「プライドを肩書に合わせるな」ということと同じことだと思います。

本章のテーマである「ルール」「慣例」「過去の価値観」「同調圧力」「肩書」といったものは、ひそかに、静かに自分のプライドのそばに忍び寄ってきます。そうしたものに従っていればなんとなく順風満帆(じゅんぷうまんぱん)な気になるかもしれません。でも、僕たちはそれらを「本当に従う必要のあるルールなのだろうか」「本当に価値があるものだろうか」と疑わなければなりません。

**僕たち自身が、ルールや慣例の奴隷に成り下がっていないだろうか。**

日々、自分の価値を問いかける生き方をしていれば、ルールや慣例の価値をすぐに判断して気づけるようになります。

先にある大企業の社長のことを書きましたが、彼は5年に1回、自分のなかで「自分自身をまっさらにクビにする」ようにしていると言います。

「なにもかもがなくなったとき、自分にはなにが残っているのだろうか」と、考えるようにしているのだそうです。そんな危機感を持ちながら仕事をしているからこそ、彼はキャリアを積み重ねることができているのでしょう。

彼は僕よりも年下ですが、キャリアという観点で言えば、僕なんかをはるかに抜いています。でも、僕はそのことがまったく気になりません。

なぜなら、たまたま役割がちがうだけ、それこそ乗っている列車がちがうだけだからです。プライドと肩書が別のところにあるから、そんな自信が持てるのだろうと思っています。

「なぜあいつが出世するんだ」
「わたしのほうが先のはずなのに」

そんなことを思いながら、社内の競争に明け暮れる人もたくさんいます。特に年功序列が根づいている日本企業では、その傾向はより強まるでしょう。なぜそんなことになるのか、理由は明らかです。

**やめないと思われているから。**

ある程度キャリアを積んできた人間はやめるわけがないという前提で、キャリアパスがデザインされているからです。日本以外の国では優秀な人間はすぐにやめていきます。なぜなら、他社が真剣にほしがるからです。

そこで、各企業は社員がやめることを前提に、やめさせないためにはどうすればいいかと考えます。その結果、高い報酬を提示し、代わりにゴールを高く設定する。売上が上がるともとが取れるので、とても合理的な考え方です。

しかし、日本では「今日も明日も、明後日も同じように働くだろう」という前提で設計されています。それゆえに、CHAPTER01で述べたように個人の時間感覚までがずれてきます。

「明日でいいや」

「1週間後でいいや」

自分でも気づかないうちに、そのように考えてしまう人間になっているのです。

もちろん、「じゃ、やめるよ」と言おうにも、自分に自信が持てなければなかなか言い出しにくいものです。

でも、僕はみなさんに気づいてほしい。

なぜ自分に自信が持てないのか。それは、「いつのまにかルールや慣例や、過去の価値観に侵されているからではないのか」と。「会社やこの社会を支配している同調圧力に負けているからではないのか」と。

みなさんの時代はこれからはじまっていくのです。おっさんたちがつくり上げたくだらない価値観や圧力に負けてはいけない。戦うのが嫌なら、その場から立ち去ればいい。

いかにして、自分のなかにプライドの立脚点を置くかを考えよう。

乗ってきた列車を降りて、新しい旅をはじめよう。

CHAPTER 03

# コミュニケーションを疑う

*Doubt the communication*

# 自分が言いたいことが、相手が聞きたいことではない

## ●良いプレゼンとは聞き手の行動につながるもの

みなさんはプレゼンが得意ですか?

残念ながら、自信を持って得意だと答えられる人はそう多くはありません。なにかしらの苦手意識を持ちながら取り組んでいるのが実情のようです。

でも、それはとてももったいないこと。なぜなら、プレゼンを通じてあなたはもっと輝けるし、まわりの人をもっとハッピーにできるからです。

僕はこれまで数々のプレゼンをこなし、登壇経験を積み重ねてきました。多いときには年300回を超えることもあります。そこでCHAPTER03では、僕が培(つちか)ってきたプレゼンの経験を軸に、コミュニケーション全般における「あたりまえ」を疑っていきます。

まず、プレゼンで初心者がよく陥るミスの話からはじめましょう。

それは、「話さなければならないこと」を話してしまうことです。

たとえば、商品のスペックやほかの商品と差別化できる調査データなどがこれにあたります。でも考えてみれば、「話さなければならないこと」は、すべてこちらの勝手な都合に過ぎません。たしかに相手に伝えたいことかもしれませんが、相手からすれば、貴重な時間を割いてまで「聞かなくてはならないこと」ではないのです。ここに大きなギャップが生まれます。そして、じつに多くの人がこのミスを犯してしまう。

次に多いのが、相手に「内容を理解させるため」に話すこと。これは少し惜しいのですが、やはり不十分。たしかに話を理解させることは重要ですが、内容の理解のみにとどまるのは、良いプレゼンとは言えないからです。

理解してもらうだけでは足りないのはなぜか。僕はプレゼンの目的をこのように定義づけているからです。

**プレゼンの目的＝聞いた人がよろこんで行動すること。**

つまり、**オーディエンスの行動につながらなければ、そもそもプレゼンの目的を果たしていない**という考え方です。厳しい言い方になりますが、オーディエンスが行動しなければ成果につながらないわけですから、「プレゼンをした意味がない」と考えたほうがいいかもしれない。

では、相手がよろこんで行動するためには、どのような要素が必要なのでしょうか？

それを僕は、「ビジョン」と表現しています。

ビジョンとは、いわば「北極星」です。つまり、プレゼンによって「相手がどんな状態になれば成功なのか」を示すもの。いったん決めたらそこに向けてまっしぐらに進めるようなものです。逆に、北極星がふらふらしていると相手をさまよわせることになります。

北極星の位置をしっかり定めることが、プレゼンではなにより大切なのです。

どのようなものがビジョンであり、北極星たり得るのでしょうか。僕はこのように考えれば、ビジョンを設定しやすくなると考えています。

## 聞き手はどうすればハッピーになるのだろう？

先に、プレゼンの目的は「聞いた人がよろこんで行動すること」とお伝えしました。つまり、人はハッピーになってはじめて「よろこんで」動けるようになるというわけです。

僕たちはそんな北極星を、オーディエンスにわかりやすく掲げなければなりません。

うまく話すことやカッコ良く振る舞うことは、とても表面的なこと。これも陥りやすい罠のひとつですが、プレゼンの「スキル」は表面的なオプションに過ぎません。本来そんなことで深く悩む必要はないのです。

いちばん大切なものは、聞き手のはるか頭上で輝きます。

聞き手がどのようにしてその光を見つめながら、自分のハッピーのために行動できるのか。そんなビジョンを描けているかどうか。あなたが掲げた北極星がみんなをしっかり照らしているかどうか。

それこそが、もっとも大切なことなのです。

## 聞き手がハッピーになることだけを考える

僕がこのような話を講演会やセミナーでお話しすると、なかには面食らう人もいるようです。せっかくロジカルな話し方やスマートな身のこなし方、インパクトのあるスライドのつくり方を期待してきたのに、ほとんど北極星の話をするわけだから当然かもしれません。

でも、はっきり言うなら、あなたが掲げた北極星がオーディエンスを照らすことができれば、舞台装置はホワイトボード1枚で十分。もっと言えば、そんなものがなくてもいくらでも話すことができるでしょう。

僕は以前、軽井沢の野外でプレゼン講習を行ったことがあります。野外といっても、本当になにもない森のなか。スライドは使えないしマイクもない。そんな状況で、約50人のオーディエンスのまわりを静かに歩きながら、少し声を大きめにして話をしました。

それでも終わってみれば、「目からウロコだった」と言ってくれる人がたくさんいて、とてもハッピーな時間を共有することができたのです。あくまでも、そのときのお題は「プレゼン講習」。オーディエンスのなかには、「スライドもないのにどうやって講習をするのだろう?」と思った人もいたようです。

でも、じつは本当に大切なことは、「スライドなしで語れること」だったというわけです。

結局のところ、**プレゼンを成功させるには、先に書いた「聞き手はどうすればハッピーになるのか」を突き詰め、それをいかに「言語化」できるかにかかっています。**

しかし、ほとんどの人が自社の製品やサービスをオーディエンスに理解させることを目的としてしまうのです。

でも、うまくいくプレゼンの要諦はそこにはありません。そうではなく、聞き手に「行動してもらおう」、さらには「ハッピーになってもらおう」と考えることがもっとも大切なことなのです。

これにはいくつもの先例があります。

この世に偉大なイノベーションを起こした人のほとんどは、みんなのハッピーな姿を思い描き、言語化し、ともに未来へ進もうと呼びかけた人ばかりでした。みんなの視線の先にあるハッピーを見つめて北極星を掲げ、それを実現していったのです。

## 「わたしには夢がある」

そう語りかけて、マーティン・ルーサー・キング・ジュニアは人種差別を批判し、黒人の地位を向上させることを実現していきました。

**「すべての机と、すべての家庭にコンピュータを」**

そう語りかけて、マイクロソフト社創業者のビル・ゲイツは画期的なＯＳによって、家庭とオフィスの風景を変えました。

そして、数々のイノベーションを生み出したスティーブ・ジョブズは、このように語りかけました。

**「世界を変えることはできる。そう考えるクレイジーな人が、本当に世界を変えるんだ」**

大袈裟な話に感じるでしょうか。
自分には関係のない天才たちの話だと思いますか。
そこにこそ、罠があります。
「どうせ自分なんか」などと思ってはいけないのです。たしかに、彼らは天才だったかもしれません。いや、きっと天才だったのでしょう。しかし同時に、彼らは多くの人から変人と蔑（さげす）まれ、バカと呼ばれ、攻撃までされた人たちだったのです。

いったいどんな人からそんな扱いを受けたのでしょうか。

**それは、あたりまえを疑わない人たちから。**

誰よりもみんなのハッピーのことを考え続けていたのは、みんなと同調できなかった人たちだったということです。僕たちは、彼らから大切なことを学べるはずです。

**「自分の話を聞いた人は本当にハッピーになるだろうか」**

そう問いかけることは、きっと誰にでもできるでしょう。

# プレゼンは、聞き手への「プレゼント」である

## ●相手がハッピーになることを本気で考える

オーディエンスが思い描くハッピーな未来の姿を言語化し、共有すること。それがプレゼンであり、広い意味でのコミュニケーションです。大切なのは、自分ばかりを見てはいけないということ。そもそも、ビジョンとは他者なしでは存在し得ないものです。

そこで、今日からこのように考えてみましょう。

**プレゼンは聞き手への「プレゼント」である。**

みなさんは、なんのために大切な人へプレゼントをしますか。

それはきっと、相手をよろこばせるためだと思います。

そして、そのためには相手が本当によろこぶものを贈ろうと考えるはず。であれば、仕事上のプレゼンでも同じ考え方をしたほうがいいでしょう。

ときどき「自分がほしいものを贈るんだ」なんて言う人もいますが、それは相手と強固な信頼関係があってこそ通用することです。少なくともプレゼンでは、いきなり自分がほしいものを贈ったところで、相手がよろこぶ確率は限りなく低くなります。

相手をよろこばせるためには、相手について最低限知っておかなければならない情報があります。まず、ウェブサイトやニュースなどの情報ソースにアクセスすることは当然行ったほうがいい。

加えて僕の場合は、プレゼンやセミナーなどのセッションを通じて商談を成功へとつなげることが仕事なので、顧客の担当者から徹底的にヒアリングします。

「顧客はどんなマインドセットなのか」
「いまなにに困っている？」
「話しているときによく出てくるフレーズは？」

このように細かくリサーチをかけていくのです。そうしてしっかり準備したうえで本番に臨むわけですが、さらに本番でも**一方的に話すのではなく、積極的に質問を投げかけながら距離感をつかんでいく**ようにします。すると、その場での質問でお互いの関係性をより深めながらプレゼンすることができ、相手のマインドがこちらを受け入れやすくなっていくのです。

場合によっては、リサーチとちがうことを言われるときもありますが、それはそれでラッキー。なぜなら、ちがうまま進まないでよかったからです。

このようにして、「相手はどんなプレゼントがほしいのか」に、徹底的に集中していくのがポイントになります。

もちろん現実には、そもそもこちらの話に興味がない相手に対してプレゼンを行わなければならないこともあるでしょう。

たとえば、「他社製品に決めたけど相見積もりが必要で……」といった場合などが該当します。いわばそれは、「当て馬」としてのプレゼンです。でも、そんなときこそチャンスだと思ったほうがいい。最初からアウェーなので、失うものはなにもないのですから。

まず相手のことを徹底的に知ることからはじめて、そのうえで「相手はこうなったらハッピーになるはず」と仮説を立ててみましょう。相手の心が読めないからこそ、心に揺らぎを与えるためには、相手がハッピーになることにフォーカスするしかありません。

一方、本命の他社は長年のつきあいで油断しています。現状維持のための現実的な話ばかりしているかもしれません。まさに、いまの関係性だけを深めようとしている状態なわけです。

でも僕たちは、相手がよろこんで行動できるように導かなければなりません。「僕たちとおつきあいするとこんなふうにハッピーになれますよ」そう真剣に伝えることで、相手に「あれっ？」と思わせればいい。相手のハッピーを本気で考えていることが伝われば、最初の信頼関係を築くことができます。本気で考えるからこそ、相手が信頼してくれるのです。

**相手が信頼してくれると、たくさんのヒントをもらえる**ようになります。そこには本人たちも言語化できていない、まだかたちになっていない気持ちもあるでしょう。そんな気持ちを読み解いて、言語化できるように手伝っていくことが、「他者の期待」を理解していくことなのです。

## 常に相手のことを考える。

みなさんは大切な人にプレゼントするとき、いつだって相手のことを真剣に考えているはずなのです。それをプレゼンでも行いましょう。相手の信頼を得るには、本気で相手と対峙（たいじ）するという原則に立ち戻って、相手との距離を詰める必要があります。

これはプレゼンのみならず、良質なコミュニケーションすべてに通じる本質なのです。

## ●相手の「期待」や「興味」がわかればうまくなる

いまでこそ僕はプレゼンを評価されるようになりましたが、じつは初心者のころは酷いものでした。まず、そもそもプログラマーだったため、外部向けに話す機会などはほとんどなかったという現実があります。

そんな僕がプレゼンの機会に直面したのは、マイクロソフト社にＩＴコンサルタントとして入社してからのこと。でも、当時は経験が浅く、プレゼンの内容は米国本社のスライドをそのまま日本語訳したような代物（しろもの）でした。

スライドは文字ばかりで、イメージの使い方もわかっていなくて、とにかく話すことに精いっぱい。オーディエンスが「なにを求めているのか」を考えずにコンテンツをつくり、それを時間内に読み上げるようなプレゼンを繰り返していたのです。それでも時間が不足したり、余ったりして、何度もアンケートで酷評されました。

オーディエンスが求めることにしっかり向き合っていなかったのです。


しかし、経験を重ねていくうちに、やがてあることに気がつきました。「今日はうまくいったかな？」「お客さん、ちょっとよろこんでくれたな」と感じられたときには、いずれも自分が話したいことではなく、「相手が求めていること」や「気づいていない情報」を話せていたのです。

そこで、**相手の「期待」や「興味」に意識を向けるクセをつけるように練習と実践を重ねたところ、次第にプレゼンで大失敗することがなくなっていきました。**

こうなると面白いもので、やがて「このトピックに詳しいから話してください」というフェーズから「このトピックで話せますか」と言われるフェーズへ移行できるようになっていきました。


つまり、このトピックを「あなたに話してほしい」というように、相手の期待が変わったのです。

トピックに制限されるのではなく、どんなトピックでも、「期待値以上の話をしてくれる人」として認識してもらえるようになったということです。このような評価にも勇気づけられ、かなり遅咲きでしたが、僕は少しずつプレゼンの魅力に取り憑かれていったのでした。

繰り返しになりますが、これはすべて「他者の期待」を理解することからはじまりました。

そしてほとんどの場合、その期待は「ハッピーになりたい」ということだったのです。

# 体験が顧客の心を動かす、事実だけでは顧客の心は離れる

## ●この3つのコツで、「伝わる」スライドになる

プレゼンの際にきれいなスライドをつくることは表面的なことです。なぜなら、それが顧客の行動の変化に直結することとは、まったく別問題だからです。

プレゼンでスマートに振る舞うことも同じこと。スマートであるに越したことはないのですが、それはあくまでも枝葉の部分に過ぎません。僕はこのことを、よくコンピュータにたとえて話しています。

### 話し方・スタイル＝インターフェース

コンピュータは、ディスプレイが美しいとユーザーから高い評価を受けます。しかし、いくらディスプレイが美しくてもメモリやハードディスクの容量が数百ＭＢだったら、それはもうお話にならないわけです。むしろ、ディスプレイが美しいゆえにがっかり度が増すでしょう。

同じように、「話すのが苦手でも大丈夫？」「緊張するのはどうしたらいい？」と心配す

るのも、すべて枝葉の話であって本質ではないのです。

スマートに振る舞うほうがいいのは、結局のところ、その人の自信になるからなのです。伝える必要のあるビジョンを押さえたうえで、もしスマートに話すこともできたらさらに自信になることでしょう。つまり、自分がより具体的に成功体験として認識するために、話し方やスタイルを磨くアプローチもあるというだけの話なのです。

ファッションモデルのように外見で自分を売り込むのならともかく、「あの人スマートだったけど、なにを話していたっけ？」となるようでは、プレゼンは完全に失敗です。

もちろん、スライドなどは美しくつくる必要はないといっても、それが「伝わる」スライドになっているかどうかは重要なポイントです。**よく、「見映えの良いスライドはどのようにつくりますか」と聞かれるのですが、大切なのは、あくまでも「伝わる」スライドをつくること。**

世の中には伝わらないスライドや資料がたくさんあります。たとえば、文字のフォントや大きさがバラバラで、端から端まで埋めてあり読みにくい。図のかたちもさまざまで、矢印はいろいろな方向に向いていて、どういう順番で読めばいいのかわからない。おまけに色も多過ぎる。

こうして見ると明らかに変なのですが、このようなスライドを目にすることがじつに多いことも現実です。

「伝わる」スライドをつくるためには、最低限、以下の3つのことに気をつけるようにしましょう。

**①そもそも文字で説明する必要はあるか？**
**②選んだ色に意味はあるか？**
**③端から端まで文字で埋めていないか？**

視点のコントロールもされないと、内容はもとより、まずどこから見ればいいのかわかりません。そして、どの方向へ読んでいけばいいのか混乱しがちになります。**プレゼンにおけるスライドの目的は、「視点を独占する」こと。**そこでこれからは、「視点誘導の方向」も考えたスライドを心がけてみてください。

## 人の心を動かすのは「事実」ではない

インターフェースの美しさは、あくまでもプレゼンのひとつの条件に過ぎません。必要なのは、やはり伝える中身にあります。

ただ、オーディエンスがハッピーになるためのビジョンを描くという方向性はわかっても、その描き方が難しいと感じる人もいると思います。そこで、ここではハッピーな仮説をつくるためのポイントを紹介します。

以前、僕のもとにスーパーカーのマクラーレンという車を1週間乗りまわして、SNSでレポートするというとても楽しい企画のお誘いがありました。それまでマクラーレンは億単位の車をリリースしていたのですが、そのときは、ビジネスパーソンでも手が届く価格帯の車種を出したとのこと。そこで僕は、この車を「ほしい!」と思わせるハッピーな仮説を考えることにしたのです。

まずよくあるのが、先にも書いた「話さなければならないこと」を伝えてしまうパターン。

2シーターで、570馬力で、7速の変速ギアで……といったスペックから入るパターンです。たしかにそれは、すごいスペックです。トルク61キロなんて、売る側からしたら伝えたい長所ですよね。

でもこれを見せた瞬間、顧客の頭のなかでなにが起きると思いますか？

**競合製品を思い浮かべてしまう。**

「そういえばフェラーリって何馬力だったっけ？」「ポルシェで言えばどのクラスなのかな？」などと考えてしまうのです。データを見せると、ほかの商品と比較されるリスクが生じるというわけです。

ましてや、「お客さまにも手が届きますよ」などとお金の話をしたら、それこそ余計なお世話。「あなたのために」と、ローンの説明をしてもまったく意味がありません。なぜなら、これらのアプローチでは顧客のモチベーションがまったく上がらないからです。

伝えたい「事実」であればあるほど、つい説明したくなってしまうもの。でも、**自分たちが「話さなければならないこと」にとらわれると、顧客の心はどんどん離れていきます。**

「あとでポルシェのショップも覗いてみよう」と、顧客をちがう方向に向かせてしまうことにもなるのです。

では、どうすればいいか。

じつは、この企画で僕は生まれてはじめてスーパーカーを運転しました。それまでは、カッコいいとは思っていたものの、「公道ではスピードが出せないのに楽しいのかな？」と思って眺めていたのが正直なところです。

でも、実際に乗ってみると……それはもう、すごい体験だった！

どういうことかと言うと、「いつもの道の40キロ走行が別世界に変わってしまった」のです。

40キロでいつもの道を直進する、ちょっと右折するといった感覚の一つひとつがまったく別次元の体験。高速道路が込んでいて60キロしか出せなくても「こんなに道路に張りついて走れるんだ……」と本当に楽しいのです。エンジン音も考え抜かれていて、カーステレオをオンにするのが惜しくなるほど。たった40キロでも興奮しっぱなし。これは、実際にスーパーカーに乗ってみるまでわからないことでした。

そして、これこそが体験の力であり、ハッピーを伝えるための大きなポイントなのです。

これが、僕のプレゼンがほかと差別化できる大きなポイントのひとつです。**僕はほとんど「体験」の話をしている**のです。

この原則を知らないと、つい「事実」を説明してしまいます。正しい情報を伝えれば人は動くと思ってしまう。でも実際はまったく異なります。データや資料は正しいがゆえに「曲者」です。正しいことを話していると、まさか自分がリスクを冒しているとは思わないのですが、知らないうちに大きなリスクとなっているのです。

# 「モノ」を売るな、「満足」を売れ

## ●顧客との「共通感覚」を考える

自分が実際に体験して興奮したり感動したりしたことは、伝える言葉にも自然と力がこもるものです。

じつは、経営学の巨人として知られるピーター・ドラッカーもこんなことを言っています。

**顧客は満足を買っている**（『創造する経営者』ダイヤモンド社）。

ものそのものではなく、ものを手にすることで得られる満足感こそが重要というわけです。「セールスマンは、ものではなく体験を売らなければいけない」と数十年も前に言っているのです。

ただし、自分の感覚や体験は主観的なもの。それがほかの多くの人の感覚や体験と一致しなければなりません。そのためには、「共通感覚」を最初に考える必要があります。

たとえば、僕は先に「スーパーカーを運転したら、いつもの道の40キロ走行が別世界に変わった」と書きました。このなかの、「いつもの道の40キロ走行」が共通感覚です。車を運転する人なら、道路を40キロで走ることは誰もが体験するし、簡単に想像もできるでしょう。

そして、それが「別世界に変わる」と言われると、未知の体験を提示することになって興味が生まれます。「ものは試しで一度乗ってみようかな」と、行動に導くことができるというロジックです。

逆に言えば、この言葉が通じるのは車を運転したことがある人だけ。じつは面白いことに、このとき同乗した僕の妻にはマクラーレンはまったく響きませんでした。なぜなら、彼女は自分であまり運転しないし、車高が低くて助手席からよく景色が見えなかったからです。体験が裏目に出たわけですね。

つまり、体験の前提となる「共通感覚」をオーディエンスと揃えることは、最低限確認したほうがいいこととなります。

もうひとつ、車にまつわる面白い例を紹介しましょう。

僕の会社のチームメンバーが、ある日家族でミニバンの試乗に行ったときのことです。

ご存じのように、ミニバンは各社似たようなスペックで競争が激しいカテゴリのひとつです。価格も性能も形状も大きな差がありません。

そんななか一社だけ、試乗の際にセールスマンがこんなことを聞きました。

**「どちらが運転されますか。奥さまですか、ご主人さまですか」**

そして、ふだん運転するのが奥さんだと知ると、そのセールスマンはなんと自宅の車庫から車を出すところから試乗することを提案したのです。つまり、これから主に運転する人に、車庫から出すという毎日行う体験をさせたのです。実際に子どもを乗せて車を車庫から出す体験をした奥さんは、「これは出しやすい！」とすぐに購入を決めたということでした。

本来スペックに差がないなら、ほかのメーカーでも同じ体験ができたかもしれません。でも、一度満足できる体験をすれば、ほかと比べる理由は必然的になくなります。

そのセールスマンは、運転するのが奥さんだと知ったとき、もっとも心に響く体験を売るために共通感覚を探したのでしょう。そして、奥さんのハッピーな「体験」を提案したセールスマンだけが、契約を得ることができたのです。

## 「できる理由」を探すと「伝わる」が変わる

共通感覚に寄り添いながら、体験を通じて相手の期待に応えていくと、そこにはやがて「共感」が生まれていきます。

**いったん強い共感を得られると、その共感はとても長持ちします。**たとえばいったんAというミュージシャンのファンになれば、特に所属事務所やレコード会社がアクションしなくても、積極的にAに関する商品を買ったりサービスを使ったりするでしょう。これは、タレントやミュージシャンとファンとの関係だけにあてはまるわけではありません。ビジネスでも同様のことが考えられるからこそ、「ファンをつくること」が非常に重要なポイントになるのです。

ただ、「ファンづくりをしよう」と考えても、なかなかうまくいかない、自分の仕事とは勝手がちがうという人も多いかもしれません。でも僕がいつも感じるのは、心のどこかで「自分には関係ない」と決めつけている面があるかもしれないということ。やっぱり、どこかで「これは仕事」と思って取り組んでいる人がとても多いのです。

僕は、マイクロソフト社にいたとき、自分のチームでプレゼンを控えているメンバーに、「今日、君のファンクラブができるくらいのつもりでやろう」と伝えていました。CHAPTER05でも紹介しますが、実際にマイクロソフト社には、本当にファンがついているプレゼンテーターが複数います。彼らはオーディエンスがどうしたらハッピーになるのかを徹底的に考えて、実際の行動に落とし込んでいる者ばかり。だからこそ、根強いファンをつくることができているのでしょう。

そこで、あなた自身やあなたが売る商品のファンになってもらうために、とても大切なマインドセットをお伝えします。

**否定からはじめない。**

**否定的な言葉を使わないことは、ファンづくりに直結しています。**なぜならコミュニケーションにおいて、否定語というのは相手が受け入れにくいものだからです。逆にこれを習慣化できると、オーディエンスはポジティブな心理に変わってくれる可能性が高まることになる。

そこでふだん使っている言葉のクセを、まずは一度振り返ってみてください。知らないうちに、このような言葉を口にしていませんか。

**「でも」**
**「だって」**
**「そうは言っても」**

こんな否定語がクセになっている人がたくさんいます。でも、こんな言葉から続けられる意見を聞いて、ハッピーになる人なんてほとんどいませんよね。否定からはポジティブなことは生まれないのです。これでは相手にハッピーを与えるどころか、相手の期待を理解することすらおぼつかないでしょう。

もちろん、これはプレゼンに限らずふだんのコミュニケーション全般に言えること。たとえば、なにか新しい提案があったときに、つい「面倒くさいな……」「仕事が増えるんじゃないか」などと思ってしまうマインドの人がいます。しかも、本来は人を引っ張るべきマネージャーといった立場の人間ですら、そんなことを言う人がいるのです。

「なぜわたしがやらなければいけないのか」と考えた時点で、「わたしは決められたことだけをやる人間です」と宣言しているようなものではありませんか？

そんな人たちは放っておいて、僕たちは今日から否定語を使わない人間になりましょう。

**「やりましょう」**

**「どうすればできるだろう？」**

**「こんな手は使えないだろうか」**

最初は難しく感じても、ふだんの言葉のクセを変えていくことでポジティブなマインドを構築することができます。すると、無理だと思えた状況でも打開策を生み出せるし、良いアイデアや提案を通じて、結果的にファンが増えていくはずです。

「できない理由」をどれだけ説明しても、あなたのファンは増えません。

**「できる理由」を探していくから、あなたの味方が増えていく**のです。

# デジタルとアナログのハイブリッドが、これからのプレゼンのキーワードになる

## ●プレゼンは「平等」かつ「ハイブリッド」になった

ここで、新型コロナウイルスの感染拡大以降に変化した、オンライン環境でのプレゼンやコミュニケーションについて考えます。

まず、プレゼンで大きく変わったのは、ひとことで言えば、空間の要素が消えてなくなり「すべての人が最前列にいる状態」になったことです。机やテーブルすらなく、全員が「目の前にいる」状態。これはまさに、異常なシチュエーションです。

逆に言うと、距離や空間にとらわれず、1対1で語りかけるのと同じくらいコンテンツやメッセージが届きやすくなったとも言えます。たとえば、オンラインではかなり細かい情報を伝えることができ、チャットでリンクを送ることも簡単です。これがリアルだと意外と大変で、見てほしい情報にリンクしたQRコードをスライドに貼り付けるなど、なかなかややこしい状態になってしまっていました。

ですが、**オンラインでは目の前にすべての情報があり、かついつでも自分で操作できるので、情報の提供がとても簡単で届きやすくなりました。**

もちろん残念な変化もあり、それはあらゆるコンテンツが「平面的」になってしまうこと。原理上仕方ないですが、その場の空気感や広がり、自分の動きなどが伝わりにくくなったのは個人的には残念なところです。

ただ、多くのものは平面的なコンテンツとして、「広くあまねく平等に伝えることができる」世の中になりました。

そうした時代や環境の変化を踏まえて、オンラインならではのプレゼンを「デザイン」する必要があります。

のちにオンラインならではの、自分の「見せ方」のコツもお伝えしますが、まずわかりやすいところでは、僕の場合、**オンラインで情報を伝えるにあたり「手書き」をかなり使うようになりました**。スイッチャーなどの機材を活用して、自分の顔とホワイトボードのアプリを同時に表示して、スタイラスペンで手書きしながら話すライブペイントのような感じでプレゼンを行っています。

もちろん、資料はあらかじめスライドにして用意しておくことはできます。でも、**あえて手書きにするのは、「ライブ感」を生み出すため**です。平面的な世界だからこそ、あえてアナログ要素を、いわば「空間的」な要素を挿し込んでいく。手書きは多少読みにくいかもしれませんが、「澤円」という人間の質感や息づかいを、オンラインで伝えやすくなります。ただ情報を伝えるだけなら、資料を配布するだけでいい。でも、僕たちはわざわざプレゼンをするわけだから、やはり聴衆（僕は「ファンサービスをする相手」と呼んでいます）に、なにか大切なコンテンツを「プレゼント」しなければなりません。

そのために、少しでも記憶に残りやすいかたちで、自分の想いを伝える方法を模索しているわけです。

このような、**デジタルのなかにアナログの要素を併存させる「ハイブリッド」なスタイルが、これからのキーワード**になります。よく「コミュニケーションはやっぱり対面だよね」「いや、オンラインのほうが便利でしょう」などと、なんでも二項対立で、対立させて考える人がいます。なぜなら、そのほうが論点がわかりやすいからです。

たしかに、議論をしたり思考をロジカルに展開したりするときには、二項対立で考えると有効な場合も多々あるでしょう。いずれかの選択肢を選ばなければ、ものごとが進まない場合もあります。

でも、二項対立の考え方にこだわっていると、どちらか一方が「ダメ」ということになり、自ら選択肢を狭めてしまうことになります。そうではなく、デジタルとアナログを混ぜていけばいい。**オンラインとオフラインを、どんどん混ぜていけばいい**のです。

かつて電話やファクスや手紙でやっていたことが、テクノロジーの進歩とともにメールやSNSやチャットに変わってきたわけですが、別に前者がなくなったわけではありません。その有用性によって「位置づけ」が変わっただけです。

同じように、人と直接会ったり対面の場面を設定したりする前提が、新型コロナウイルスによって強烈に否定されたものの、対面のコミュニケーションの重要性が失われたわけではありません。

そうではなく、すべては足されていく状態になる。これこそ僕が、「ハイブリッドな時代がやってくる」という意味です。いや、そもそも世界はハイブリッドだったわけで、僕たちの思考が「あたりまえ」に縛られていたからこそ、いつまでも対面や電話だけにこだわる人もいたのでしょう。

いずれにせよ、**これまで以上に「ハイブリッド化」する状況において、「選択肢」がど

**んどん増えている世界に僕たちは生きている**のです。

## 大切なのはセルフプロデュースすること

オンラインでのプレゼンやコミュニケーションでは、表情やしぐさや外見といった、「見せ方リテラシー」も問われます。要は、自分が「どのように見えているのか」を、オンラインにあわせて工夫する必要があるわけです。

オンラインで仕事や交流をすると、そこではじめて会う人もたくさんいると思います。そんな、オンラインでしか会ったことがない人について、わかりにくい情報はなんでしょうか？

それは、人物としての全体像です。

あたりまえですが、画面のなかではみんなほぼ同じ大きさで表現されます。だからこそ、画面のなかの「見せ方リテラシー」が問われるようになるのです。たとえば表情や視線、髪型、上半身のファッションセンス。また、カメラのアングルや、ライティングも重要です。これを意識している人といない人とでは、かなり「損得」がわかれるようになっています。

まさしく画面のなかでみんなが「平等」になったからこそ、いかにセルフプロデュースするかが問われているのです。

僕の場合は、肌が明るく見えるようにリングライトを正面からあて、場所に応じて、背景の壁の色なども考えて細かく調整しています。たとえば壁が白いなら、それだけで全体的に明るくなるので、光量が増え過ぎないようにします。

もちろん、こだわり過ぎなくてもいいのですが、ノートパソコンやタブレットなどに内蔵されているカメラを使うと、画質はもとよりアングルも正面でなくなることが多いので、外付けのカメラを使うだけでもかなり改善されます。

おそらく、みなさんも、いちどライティングや外付けのカメラを設置するだけで、「こんなに変わるのか」と驚くと思います。自分で実感しないと、「こんなに映りが悪かったんだ」「知らないうちにマイナスの印象を与えていたんだ」となかなか気づけないので、ぜひチャレンジしてみてください。僕も試行錯誤を繰り返す毎日で、いつも「こうやったらうまくいくかな」と、意識的にいろいろ試している最中です。

自分がどんな状態で話しているかを、自分で確認しながらコミュニケーションするのは、これまでになかった状況です。裏を返せば、そこからなにかを学ぼうと思う人は、学びの材料があふれているので、加速度的に成長できるということ。

**オンラインでは、見た目の情報発信が画面のなかに限られるため、「見せ方」という武器をいかにうまく使っていくかが、あなたのセルフプロデュースにとってとても大切な要素になる**でしょう。

ちなみに、「オンラインに慣れ過ぎると、逆にリアルな場でうまくいかなくなるのでは？」という声もよく聞きます。

でも、心配は無用で、むしろ僕はいい練習になっている場合が多いと感じています。たしかに画面のなかですべてを表現するのは、人によっては難しいと感じるかもしれません。大きな動作や仕草は使えないし、言い間違えもレコーディングされてしまいますからね。

でも、苦労するからこそ、リアルな場になったときに、のびのびと話をすることを楽しめるのです。実際、僕も久しぶりにリアルなイベントに登壇したところ、「あ、うまくなっている！」と、あきらかにプレゼンが上達していることを感じました。ライブだとかなり自由度が増すし、声のリズムや強弱も自由に扱えます。

これは、ベストセラー『1分で話せ 世界のトップが絶賛した大事なことだけシンプルに伝える技術』（SBクリエイティブ）の著者で、プレゼンの名手である伊藤羊一さんも、同じように「あきらかに話すのがうまくなった」とおっしゃっていました。

コミュニケーションについても、ハイブリッド化によって両方のいい部分を活かすことができれば、相乗効果で成長できると思います。

## オンラインでは「空気を読む」必要はない

ところで、オンライン環境になると、突然打ち合わせやプレゼンができなくなる人がいます。いろいろな理由があると思いますが、まずオンラインの場での空気がわからない、あるいはつかめないからではないでしょうか。

そんな人たちは、おそらくこれまで特定の場において、人が醸（かも）し出す空気や雰囲気を察知することに対して過度に敏感だったのだと思います。パワハラなどは言語道断ですが、そこまでいかずとも、なんとなく表情や雰囲気で脅しをかけたり、主導権を握ったりすることで、場をコントロールすることに依存していた人もいたはずです。

でも、オンラインでは方法論がまったく変わります。

わかりやすく言えば、「命令したとおりにしなければキレるよ」という雰囲気を醸し出しても無駄ですよ、という話です。「この人、脅しをかけてきているな」「イライラしているな」と思ったら、ただ音声をオフにすればいいからです。すると、おっかない顔をしている「おっさん」が、ただ画面に映っているのを鑑賞して、珍獣扱いにすることができます。もちろん、さっさと退出してもいいでしょう。

つまり、自分が持つ情報や知識やアイデアで勝負できない人ほど、オンラインになると、相手にもコントロール権があるという状態が受け入れられないのでしょう。

これは立場に関係なく起きる現象です。部下が上司に対してシャットアウトできる権利を持つ状態に居心地の悪さを感じて、「誤解されないようにしなくては」「わたしはまじめにやっています」といったアピールを部下の人がしたくなることもあるようです。それゆえに、カメラの前でもスーツを着てネクタイを締めるといった、よくわからないことを考えてしまう。

いずれにしても、**仕事の成果とは関係のないことを気にしている段階で、本質的な仕事以外のことに労力を使ってしまっている証拠**です。

先に書いたように、新型コロナウイルスの感染拡大以降、すべてのコミュニケーションが平等な状態になりつつあります。どんな人でも対等であるなかで、そんなフラットな状態に慣れずに動揺する人たちこそ、先に書いた「全員が最前列にいる」状態にとまどい、急にできなくなる人たちだと思います。

要するに、これまでいかにその場の空気に支配されていたかということ。でも、いまはそんな空間も「同調圧力」も極端なかたちでリセットされたので、いい芽が出てきているとも言えるでしょう。

プレゼンをはじめ、さまざまなコミュニケーションの前提条件そのものが変わったことで、若い人たちもより行動しやすくなりました。僕は、これはとてもいい傾向だと、日々希望を感じています。

## ●専門知識よりも「多くの人に伝える力」を意識する

いまでこそ僕はプレゼンで評価を得られる存在になりましたが、結局のところ目の前のことを必死にやり続けて、失敗し、挫折を何度も繰り返していくなかで偶然にもいくつかの成功体験がいいタイミングで重なったのだと感じています。

社会人になったとき、文系出身の僕はコンピュータのことがまったくわかりませんでした。入社してすぐにコンピュータに挫折した僕は、間違いなく業界でビリの位置にいたと思います。

それでも親切な先輩のおかげもあって、最初の1、2年でコンピュータの基礎の基礎がようやくわかるようになりました。そしてちょうどそのころ、インターネット時代が到来したのです。

すると、どうなったと思いますか。

多くの人がパソコンを買いはじめて使うようになったとき、幸運にも僕の立場が相対的に上がったのです。業界ではあいかわらずビリの位置。でも、ITを知ったばかりの大多数の人からすれば「この人はなんてコンピュータに詳しいんだ！」という評価に変わったのです。

もちろん、僕より詳しい人は山ほどいました。でも、僕は本当の初心者だったので、「初心者が必死に覚えたプロセス」が重宝されたのです。素人が少しずつわかるようになっていくプロセスを踏んでいたので、それをそのまま外の世界に対して使えるようになったわけです。

つまり、こういうことです。

**「澤はわかっている」**

**↓**

**「澤はわかりやすい」**

おわかりでしょうか。これが業界を問わず、みなさんのバリューを出すポイントです。「コンピュータのことがわかっている」ではないのです。僕より詳しい人はたくさんいます。そうではなく、「コンピュータのことがわからないわたしに向けて話をしてくれる」ことが、とても大きな僕のバリューになったのです。

専門的であるだけで相対的に価値があることに加えて、たくさんの「わからない人」に対する説明能力が高かったことで、僕のマーケットバリューが強まりました。

ここに、価値ある人になるための法則を見いだせます。

**価値＝多くの人に伝える力。**

**いま必要とされているのは、自分が属する会社や業界にとどまらず、「外の世界」とコミュニケーションすること**です。

だからこそプレゼン力を磨いて伝え上手になることができれば、どんな業界でも他者と差別化できることになります。

専門知識を持つ人はたくさんいますし、上には上がいます。しかし、ある程度の専門知識を持ちながら、それを多くの人にうまく説明できる人はとても少ないのです。知らない人がいる領域を味方につける能力があるほうが、はるかに市場での価値があります。

プレゼン力を高めることは、専門知識を磨いてトップを目指すよりもコストパフォーマンスが良い、賢い戦略とも言えるでしょう。

## ● 自分を追い込むことで「劣化」を防ぐ

あなたが得た知見や体験をより多くの人に伝えていくこと。そこまで視野を広げられたとき、あなたはすでに成長に向けての一歩を踏み出しています。

先に、「プレゼンは聞き手へのプレゼント」だと書きました。あなたが得た体験や感動を言語化して多くの人に伝えることで、多くの人の可能性が開いていきます。それぞれがもともと持っていた経験に、あなたが伝えた経験が結びついて、新しいアイデアが生み出されていくのです。

そうして、社会が変わっていくのです。

もともと関連性がなかったものごとがあるきっかけで結びつき、この社会を変えるイノベーションの萌芽(ほうが)になる。「ゼロを1にする」とはそういうことなのです。小さなイノベーションでもいいではありませんか。**既存の価値観に縛られず、ゼロからなにかを生み出すことが大切**なのですから。

それが、コミュニケーションの真の力です。

そのように考えると、「うまく話せること」や「緊張しないで振る舞えること」なんてたいしたことではないのがもうおわかりでしょう。緊張してもいいのです。緊張している人間を目にして激しい憎しみが湧きますか。むしろ「がんばれ！」って思うはず。緊張しても、相手が共感してくれればいいのです。

話しはじめる前に、「緊張しています」とカミングアウトするのもいいですね。「いま足が震えています」「倒れそうです」「鼻血が出そうです」って言ってしまえばいい。そのほうが、きっとみんな共感してくれる。大切なのは、うまく話すことではなく共感を得ることです。

僕はこれまでたくさんのプレゼンを見てきましたが、なかにはあまりに緊張して泣き出してしまう人もいました。でも、「うまく話せませんが、これだけはお伝えしたいです」と言って、ひとつのことだけを懸命に伝えようとしている姿を見ると、やっぱり心に響いて伝わってきます。

僕自身は、緊張することはさすがにもうほとんどありません。でも、僕は逆にそれがリスクだと感じています。なぜなら、「いつもどおり」の繰り返しには成長がないから。だからこそ、危機感を常に自分で持っておかなければならないと思いながら日々取り組んでいます。オーディエンスに対してあえてリスキーな言葉を投げかけてみたり、これまで行ったことのないアプローチを試してみたり。自分を追い込むようなことを意識的にやっているのです。

水平飛行は、上昇する力がなければできません。滑空（かっくう）しているということは、最終的には重力に従って落ちていくということなのです。

**人間は必ず劣化する。**


年齢かもしれないし疲れかもしれない。もしくは、慢心かもしれない。

そうしたものの影響を受けにくくするためには、自分に負荷をかけなければいけません。

そうしてやっと水平飛行ができるのです。緊張感を自分でつくってはじめて、いつでも上昇できる状態が維持できます。

僕には冷静に振り返ったときに、「以前よりもうまくなった」と自覚できる瞬間があります。それでもまだ、至らないことにたくさん気づかされます。

そんなときはまた自分を磨きます。

ひたすらそれだけを続けてきたのです。

## ●「あきらめない」だけで未来の可能性は広がる

以前、株式会社植松電機の植松努社長とお話しする機会がありました。

植松電機は産業機器メーカーですが、そのかたわら、北海道大学と共同してＣＡＭＵＩロケットを開発していることでも知られています。植松さんはこのロケット開発をビジネスとして捉えておらず、「人の自信と可能性が奪われない社会をつくるため」の手段と考えて取り組んでいます。

彼のプレゼンはとても胸を打つもので、僕が「これぞ本物のプレゼン！」と感じたもののひとつでした。『ＴＥＤｘＳａｐｐｏｒｏ』で公開されているので、ぜひ見てほしい。

彼のプレゼンスタイルは、『ＴＥＤ Ｃｏｎｆｅｒｅｎｃｅ』（アメリカの非営利団体であるＴＥＤが、毎年世界的規模で行う講演会）で繰り広げられるようなパワフルな話し方をするわけでもなく、めちゃくちゃクールなスライドを使うわけでもなく、とても朴訥とした雰囲気のものです。

でも、聞いていると涙が出てきます。素晴らしいプレゼンです。心の奥底に訴えるような話がずっと続くのです。

コアメッセージは、「『どうせ無理』という言葉をなくそう」ということ。思えば、僕たちはいつのまにか「どうせ無理」という言葉をよく使っています。自分はそんな言葉は使わないと思っていても、心のどこかで似たようなことを考えたことはありませんか。きっとあるはずです。

「もう若くない」
「やったって意味がない」
「もう無理なんじゃないか」
「こんなものできるわけがない」

**「大人」になった僕たちは、あらゆる言葉や表現を使って、毎日何度も繰り返して、「どうせ無理」だと全力で自分に言い聞かせている**のです。

植松さんは、そんな「どうせ無理」をなくしたいと伝えます。するとなにが起こるのか?

未来の可能性が開けるのです。

だからこそ、彼はこれから未来を担っていく子どもたちに向けて語り続けています。

「最近は子どもたちに話すことが多いのですね？」

そう僕が尋ねたところ、彼の返答はこのようなものでした。

**あきらめることを覚えた大人に時間を使うのは、もう無駄だと思いました。**

あきらめ方を知ってしまうと楽になる。

なぜなら思考を停止できるから。

思考することは苦しいのです。

大人になるにつれてたくさんの失敗や挫折を経験した僕たちは、やがてあきらめ方を身につけていきます。自分の身を守るために。あるいは自分をなぐさめるために。

そうして気づかないうちに自分の可能性に蓋をして、考えることをやめていくのです。

でも考えることをやめると、どうなるでしょうか？

**あたりまえを疑わなくなる。**

そしてあたりまえを疑わなくなった大人たちは、どんなことをすると思いますか？

**あきらめることを子どもたちに強制する。**

「いつまで夢を見ているんだ。現実を見ろ！」
「そんなことでは食っていけないよ」
「学歴がないと生きていけないぞ」
「社会は甘くないんだよ！」
そのようにして自分たちと同じように、思考停止した人間を社会に増やしていくのです。

**これが、僕が繰り返し書いている「同調圧力」の正体です。**

彼はそんな大人たちに時間を使っても無駄だと悟り、これから成長していく子どもたちや、あきらめることを強制されている子どもたちに時間を割いて、「あきらめずにやりたいことをやりなさい」と語り続けているのでした。

CHAPTER03ではプレゼンを軸に、広くコミュニケーションについて書きました。

そして僕は、**コミュニケーションの本質は、「相手にハッピーを届けること」**だと考えています。そのために、僕たちはけっして自分の可能性をあきらめてはいけないのです。

社会や会社や上司から強制されるコミュニケーションの「あたりまえ」を、僕たちは真剣に疑って生きていこう。

CHAPTER 04

# マネジメントを疑う

*Doubt the management*

# マネジメントが「管理」だと思っているうちは、結果は出ない

## マネジメントとは「判断する」こと

自分がかかわりを持つ人と社会へ、ハッピーを届けること。

これがコミュニケーションの本質であり目的だとすれば、僕たちは人とかかわるときに「いかに未来の話をするか」という点にフォーカスしなければなりません。過去の狭い価値観や成功体験にとらわれていては、けっして未来の可能性は開かれないからです。

これはビジネスでもまったく同じこと。過去の話をしていても、なにかを生み出すことなどできません。

**いかに「未来に関するトピック」に時間を使うか。**

これがまさにビジネスの要諦(ようたい)なのです。

CHAPTER04では、ビジネスにおける羅針盤(らしんばん)となるマネジメントの「あたりまえ」を疑っていきましょう。

まず前提として確認しておきたいのは、日本はマネジメント後進国だという事実。マネジメントの概念がとても悪いかたちで根づいてしまっているようです。

たとえば、僕が嫌いな「管理」という言葉がそう。**管理はマネジメントのことではないし、管理職もマネージャーのことではありません。**マネジメントにはもっと広く奥深い意味が含まれていて、じつは「最適な日本語訳がないのでは？」と思うほどです。

では、いったいどんな意味があるのでしょうか。

これはマネージャーのもっとも基本的なタスクを考えてみれば、おのずと明らかになります。

**判断すること。**

マーケットを俯瞰(ふかん)して、自社のリソースを最適に配置する判断などがこれにあたります。リソースの最適配置において、多分野の知識を持って、より広い観点から判断することがマネージャーの仕事になるというわけです。たしかにマネージャーには管理の側面もありますが、それはあくまでタスクのひとつに過ぎません。

マネジメントの仕事は「判断をくだす」ことが最重要事項なのです。

## なぜ部下のモチベーションが上がらないのか

リソースを最適に配置するためには、チームメンバー一人ひとりの能力や適性を見極める必要が出てきます。だからマネージャーには、高度なヒアリング能力が問われることになるのですが……。

みなさんは上司にこんなことを言われたことはありませんか。

「もっとやる気を出せ！」

「モチベーションを上げていこう！」

はっきり言うと、これではマネージャー業失格。モチベーションというのは、他者が手を加えて上がるものではないからです。上から命令したからといって、部下のモチベーションは上がりません。マネージャーの立場にいる人間は、この事実をまず理解したほうがいいでしょう。たとえ結果的に上がったように見えても、「人のやる気というのは、人によっては変わらない」ことを前提に考えたほうがいいと僕は思います。

**マネージャーがやらなければならないのは、モチベーションが上がる環境を整えること。**チームの力を阻害(そがい)するブロッカーを外していき、みんながのびのびと仕事ができる環境を整えることが重要な仕事です。

残念ながら、日本の企業ではマネージャー自身がブロッカーになっているケースがとても多く見られます。典型的なのは、部下に対して「数字を上げろ」「書類をつくれ」と、ただ命令や指示ばかりしているタイプ。でも、人に対して命令する権利などマネージャーにはありません。

**デキるマネージャーは、結果的に指示や命令をしているように見えても、それはあくまでもリソースを最適に配置したうえで、いわば「開始ボタンを押しているだけ」**ということ。人を自由に動かす権利までは与えられていません。リソースのなかに人が含まれているだけで、人の心も含めて自由に動かす権利なんて、そもそも誰にもないのです。

なのになぜ、彼らは勘違いしてしまうのでしょうか。

それは、日本企業のマネージャー（管理職）が「名誉職」だからです。たとえばセールスの成績が良かったから営業部長になったり、マーケティングで能力を発揮したからマーケティング部長になったりしますよね。つまり、現場で結果を出した人への名誉として、マネージャーの肩書が与えられている。

さらに、多くの企業では給与の階層が役職の昇降格と一致しているので、一定以上の給料を払うためには役職をつけることがマストになってしまっているのです。これは、最悪のリソース配置です。

なぜなら、プレイヤーとしては優れていても、マネジメントの適性がない者が「○○部長」や「○○マネージャー」といった立場につくと、チームがむちゃくちゃになるからです。しかも、当の本人たちは名プレイヤーだった成功体験があるので、部下やチームメンバーに対して「おまえらなんでできないの？」などと言い出しかねません。こんな高圧的な人が、あなたの会社にもいませんか？

## ●過去の成功体験で判断してはいけない

突然ですが、メジャーリーグ史上でも屈指の名監督とされるトミー・ラソーダを知っていますか。かつて、野茂英雄投手が活躍したときもドジャースを率いていました。監督成績を振り返ると、もう文句なしのピカピカです。

1599勝1439敗（勝率・526）
地区優勝8回、リーグ優勝4回、ワールドシリーズ優勝2回
シドニーオリンピック金メダル、アメリカ野球殿堂入り、カナダ野球殿堂入り……

ラソーダは、現役時代はピッチャーとしてメジャーリーグに在籍しました。「さぞや選手としての成績もすごいのだろう」と調べてみると、意外な事実に出くわします。

通算26試合に登板、0勝4敗。防御率6・48

驚くことに、なんと1勝もしていないではありませんか。メジャー在籍はたったの3年間。にもかかわらず、彼は監督としてメジャーの殿堂入りを果たしました。
つまり、選手としての能力と監督としての力量はまったく別物だったということです。

　このようなことが起こる事実が、アメリカではとてもよく理解されています。だからこそ、リソースの最適配置ができるのです。「ラソーダはピッチャーとしては使いものにならなかったけれど、マネジメントの能力がある」と見極められる人が存在し、彼を的確に配置したというわけです。

　ラソーダは選手を引退したあとマネジメントの道に入り、マイナーリーグのコーチや監督としてキャリアを積み、最終的にはメジャーでずっとユニフォームを着ることになりました。

　そんな彼がよく言っていた言葉があります。

**「背中の名前のためにプレーするのではなく、胸の名前のためにプレーしろ」**

　メジャーリーグでは、背中には個人の名前、胸にはチームの名前が入るのが一般的です。つまり、ラソーダ監督は「チームの勝利に貢献すること」を選手に対して求めていたのです。

　彼の最大の強みは、どんなスター選手であってもみんなと同じようにアプローチしたことでした。彼自身もマネージャー（監督）としてリソースを最適に配置し、最高の結果が得られるようにチーム全体を見事に統率したのです。

二流監督ならいざ知らず、名監督は自分の思いつきやわがままで人を動かすことなどしません。ましてや、自分の成功体験を押しつけることなど論外でしょう。なぜなら、プレイヤーとしての実績は、マネジメントとまったく関係がないからです。

**過去の成功体験だけで判断すると、マネジメントは１００％失敗する。**

僕はそう考えています。**マネジメントでいちばんやらなければならないのはリソースの最適配置であり、もし過去に成功体験があるのなら、まずしたほうがいいことはその成功体験を疑うこと**なのです。

# ミスを怖がるな。失敗は修正すればいい

## ●失敗の「可視化」が次の成功につながる

優秀なマネージャーがいて、万全の状態でマネジメントにあたっていたとしても、失敗や不測の事態はいつだって起こるものです。

そんな事態にいかにうまく対処するかもまた、マネージャーの腕の見せどころになります。そこで、まずは失敗に対してこのようにマインドセットを変えることが必要です。

**失敗は必ず起こる。**

よく「シリコンバレーには失敗を許容するカルチャーがあるからうまくいく」と言われることがあります。でも事実はちょっと異なります。

じつは、シリコンバレーでは「人は失敗する」という前提をもとに、失敗を早めに見つけて修正できる仕組みをつくっているだけなのです。こういうことです。

**失敗してもいい。**

## ↓
## 失敗してもすぐに修正し、より大きな成功につなげればいい。

でも日本では、失敗を許さない風潮がとても強いと僕は感じます。けっして不備のないクオリティーの高さが武器だったわけですが、失敗を認めないことで失敗を隠すカルチャーも生まれてしまいました。

「これはギリＯＫじゃない？」といったあいまいな暗黙の了解にはじまり、いつしか「都合の悪いことは隠す」方向へ進んでしまったのです。

もちろん、失敗は失敗です。

でも、**「失敗は修正すればいい」と考えればいい**のです。

人はなにかに打ち込んでいるとき、どうしても視野が狭くなりがちです。そのため、行っていることが本質とずれていることに気づくのが遅くなります。

たとえば、あなたが所属するチームがイベントを企画しているとしましょう。スケジュール調整や会場選び、コンテンツのプランニング、登壇者の候補探しといった作業が発生し、それぞれの担当者が進めていきます。イベントの骨子がある程度固まってきた段階でふと、あなたの頭に「そもそもこのイベントのターゲット層って？」という疑問が浮かんだとします。「そういえば、このことはみんなで明確に共有できていなかったな」。でも、全体の作業は着々と進んでいるし、自分だけの思いちがいかもしれません。

「まあ、いいか……」

そう思いながら準備を続けて、ついにイベント当日。結果として、会場には閑古鳥が鳴く――。

こんな事態は、気がついた段階で問題を共有する場をつくっていれば防げたかもしれません。なにごともまめに修正をしながら進めたほうが、結果的として効率的です。一方、ものごとが進み過ぎたあとでやり直すと、大きな負担になる。プロジェクトにかかわる人が多く、なおかつ人間関係も複雑になり過ぎて、気づいても手が出せない状態になることもあります。

そのようにして不祥事に発展したり、会社が潰れたりする事例は枚挙にいとまがないほど。それもこれも、失敗することを極端に恐れ、次につなげるためのものとして捉えられていないがために起こることなのです。

そこで、マネジメントとしては失敗することを前提にしたマインドセットと、失敗に対処する仕組みをつくることが必須となります。

**失敗を可視化して、すぐ対処できる仕組みをつくる。**

大変な事態が起きる可能性を減らしていくことは、マネジメントのとても重要な役割のひとつなのです。

## 「Why」と「Who」を追及してはいけない

それでも、不測の事態や想定外の出来事は起きるものです。そんなときでも、マネージャーはなんらかの判断をくだす必要性に迫られます。

このとき、もっともやってはいけないのが「犯人探し」的な行為。

「なぜこんなことになった！」「責任者は誰だ！」などと怒ってもまったく意味がないの

です。これは、マネージャーとして最悪のアプローチでしょう。

まず問わなくてはならないのは、これです。

**なにがあったのか（What・客観的な視点）。**

**どうすればいいのか（How・次の行動）。**

このWhatとHowにフォーカスするのが、マネジメントのとても重要な仕事。これは、「起きてしまったことは仕方がない」といったん失敗を許容する考え方でもあります。

**「なぜ起きたか＝Why」と「誰がかかわったか＝Who」はあとまわしにして、すぐに現状把握と次のアクションを考えるのが鉄則**なのです。

しかし、日本では誰かのせいにしたがることが多く、WhyとWhoをやたらと探しまわります。いったいなぜでしょうか。

それは、**「責任の範囲が明確になっていない」から。**

マネジメント先進国では、責任の範囲が最初からとても明確です。わざわざ、「誰のせいだ！」と騒がなくても責任がはっきりしているのです。責任範囲が明確だからこそ、メンバーは失敗を恐れることなく、成功に少しでも近づけるためにどんどんトライしようと考えることができるわけなのです。

その代わりに、なにかを達成したときの手柄も明確。たとえ新入社員であってもオーナーシップがある仕事は、その人物が手柄を総取りします。でも、日本企業ではみんなで手柄を共有するかのように振る舞いながら、結局はなにもしていない代表者の「管理職」が取ることが多くあります。

もちろん、マネジメント先進国の手法はひとつの考え方に過ぎません。ただ、グローバル時代のビジネスにおいては、スピードの面でも成果の面でも適しているのは間違いないでしょう。

小さな失敗を許容することを習慣づけられれば、大きな失敗に発展する前に修正することができます。また、**小さな失敗をどんどんして多くの学びを得られれば、大きなイノベーションを起こす土壌もできる**はず。

実際にシリコンバレーや最近の中国では、多くのスタートアップ企業が生まれていて、最初は目もあてられないようなプロダクトをリリースするのですが、ユーザーからのフィードバックを即時に反映させ、クオリティーをスピーディーに向上させています。日本の完璧主義は、たしかに優れたクオリティーの製品を生み出してきましたが、最近では質の面でも中国をはじめとした国々に追いつかれ、なによりスピードが遅いという致命的な欠点となっていることは周知の事実でしょう。

マネージャーの裁量にもよりますが、どんどん小さな失敗ができるように僕たち一人ひとりがマインドセットを変えていければいいなと、僕はいつも思っています。

# 最高の判断を下すためにやることとは？

## ●人生も仕事も「早めの判断」が大切

「サンクコスト」という言葉を知っている人も多いと思います。

埋没費用とも呼びますが、簡単に言うと「撤退したときに戻ってこない投下コスト（お金、時間、労力）」を指す言葉です。また、もったいないと考えるために、ずるずると撤退できない状態に陥ることを「サンクコスト効果」と呼びます。

これで身を滅ぼす典型例は、ギャンブルでしょう。「5万円も賭けたのだから取り返さなきゃ！」と思う人は、そこから10万円も20万円もつぎ込んで、すっからかんになるわけです。

こうした「撤退の判断ができないこと」は、なにもギャンブルの話に限りません。たとえば就職戦線を勝ち残り、憧れの大企業に入ったものの「やらされ仕事」で疲弊（ひへい）している人は多いのではないでしょうか。でも、「せっかく入った会社だから」と、やりがいもないのにその会社に居続ける人がとても多いようです。

このような「判断の遅れ」は、とても大きなリスクです。

なぜなら、**時間は限られているため、先延ばしにするほど自分が成長するための時間が**

**少なくなる**から。若くなければチャレンジできないということではありませんが、若いうちからやりたいことにどんどんチャレンジすればいい、と僕は思うのです。

だからこそ、**「早めに判断する」ことはとても大切な行為**になる。

マネジメントに話を戻すと、基本的にマネジメントの仕事は「人と会うこと」と「判断すること」で成り立っています。リソースを最適に配置するためには、一人ひとりの適性を見ることが非常に重要なので、直接会って判断することが大切なプロセスだからです。

そのうえで、ＫＰＩ（重要業績評価指標）などの可視化によって判断のための数値化をする。そして、最終的にそれらの数値をベースに判断することがマネジメントの主な仕事です。上の役職に就けば就くほど、そうした仕事が増えていきます。逆に「判断しない」ということは、マネージャーの役割を担っていないことになります。

思えば、僕たちはどんな場面でも判断して生きています。

「なにを食べようかな」「誰と話そうかな？」「いまなにをしようかな？」と、常に考えて生きているんですよね。

**人生とは、判断の連続。**

いわば、僕たちは自分の人生のマネージャーなのです。自分と対話を繰り返し、リソースを適切に配置し、行動に移していく。そこには、判断するための「考える」プロセスが欠かせません。

**思考停止してはいけないのです。**

大切なのは、「自分がやりたいこと」をベースに考えること。ぜひ、自分のやりたいことを見つけて、最高の判断をするトレーニングをしていきましょう。

## ●デキるマネージャーは「自責」で考える

「判断する」ということは、自分の言動に責任を持つことにほかなりません。

人生である判断をすれば、その責任は自分が負わなければならないし、もし責任を負いたくないなら、他人の言いなりになって生きるしかない。

このことが理解できていない人は、意外と多いかもしれません。

以前、仕事のやり取りでふと疑問に思ったことがありました。ダイバーシティについての議論のなかで、「この会社のやり方では不十分だと感じている社員がいる」という話が出たのです。ここで僕が思ったのは、「果たしてそれを言っている社員は、自分のベストを尽くしたうえで言ったのだろうか」ということ。

どこの企業であっても、ダイバーシティに関する取り組みが１００％できているとは思わないし、もっともっとできることはたくさんあるでしょう。でも不満を表明している人が、いったいどの程度、実際にその取り組みに自分の時間と能力を使っているのかという点が気になったのです。

自分がベストを尽くしたうえで改善点を指摘するなら、サポートのしがいもあります。でも、自分の不満だけを述べるのはただの甘えであり、幼稚な考え方だと感じてしまう。もし自分の弱さを理解したうえでサポートがほしいのなら、他責にするのではなく、「自分はここが足りないからサポートしてほしい」とストレートに求めればいいだけの話ではないでしょうか。

これは、自分がミスをしたときも同じこと。大事なことは、ミスをしたときに自責で考えられるかどうかなのです。誰かのせいにしたほうが楽かもしれない。でも、それはカッコいい大人の振る舞いではない、というのが僕の考えです。

僕も確認不足で慌てたり、スケジュール調整のミスで人に迷惑をかけたりすることなんてしょっちゅうです。情けないことですが、なかなか直りそうにありません。でもそのとき、自分の能力不足だと本気で思えなければ大人として失格だと思っています。あくまで自責で考えながら、他人の助けを得るように心がけているのです。「まかせたのだから、あなたの責任ね！」みたいな、カッコ悪い人間にだけはなりたくない。

自責で行動できないビジネスパーソンはたくさんいます。そして、保身のために他者を攻撃する。それは、とても卑怯（ひきょう）な行為です。

困ったり弱ったりしたら、どんどんアウトプットして助けを求めましょう。これは恥ずかしいことでもなんでもありません。お互いが自分に足りていないことをオープンにできる雰囲気をつくり、応援していくのがマネージャーの仕事なのですから。

まずは、自分がベストを尽くしたかどうかを問うことからはじめましょう。

# 最悪なマネージャーに共通するいくつかのこと

## ●なにを「デキる」「デキない」の判断基準にしているか

ここまで、マネジメントの本質について書いてきました。

若い読者のみなさんの頭のなかには、自分の会社や仕事を振り返って、素晴らしいマネージャーだと思える上司もいれば、どうしようもないマネージャーも頭に浮かんでいることでしょう。そんなとき、自分の立場から見た彼らを疑うことに加えて、自分がこれからどんなマネージャーになるのかを思い描いてほしいのです。

僕も若いころから、いろいろな上司を見てきました。そのとき、なにを「デキる」「デキない」の判断基準にしていたか。

**全体が見えているかどうか。**

これができていないマネージャーは、思いのほかたくさんいます。

チームのいまの状態や向かう先といった全体像が見えていないから、細かいミスばかりが気になり、すぐに「誰がしくじったか」を追及して保身を図るわけです。

さらに、最悪なのは部下と競争するマネージャー。絶対、マネージャーになってはダメなタイプです。部下の能力を認めなかったり、それに嫉妬したりするマネージャーは、マネジメントに100％向いていません。相手を認めたくないがために、必死に競争しようとするからです。

マネージャーになるとプレイヤーとして働くことができないので、プレイヤーとしての体験が自身のなかから抜けなければストレスが溜まっていきます。加えて、本人にマネージャーの資質がなければ、すぐに「むかしの俺たちはな……」などと言い出してしまう。過去の成功体験のなかで生きている人間には、早いうちに終わりがやってきます。過去は過去ゆえに、それ以上の成功体験が増えないからです。

もちろん、マネージャーがプレイヤーの気持ちを理解することは必要かもしれない。プレイヤーがどうすれば快適なのかを考えるとき、プレイヤーだったころの経験を活かすことができるでしょう。

その意味で**プレイヤー気質を持っているのはいいのですが、それを言動で表したらダメ**ということ。ましてや、それを前面に押し出して部下と対峙（たいじ）してはいけません。サポートのためにプレイヤーの一面を出すのはありですが、対立軸で出すのは最悪な行為なのです。マネージャーがチームメンバーと競争して成立するチームなんて、滅多にありません。

かつてマイクロソフト社時代に僕が率いていたチームには競争がありました。たとえば会社主催の大きなイベントの際には、参加者アンケートにもとづくプレゼンのランキングが発表されました。

そして、そのトップ争いがチームメンバー間で発生したりします。「今回は澤さんに勝った！」と言ってくるのですが、僕はまったく悔しくありません。チームメンバーが上に行ったら誇りに思えるし、そんな健全な競争は大歓迎だからです。

つまり、**マネジメントする立場の人間は、人（部下）を下げて自分が上に行こうとしなければいい**のです。どんどん上を目指すプレイヤーがいたら、マネージャーは「必要ならサポートはいくらでもするよ」と言えればいいのだと思います。

## ●ハラスメントに我慢する必要は100％ない

いま、さまざまな組織でハラスメントが問題になっています。

ハラスメントは、人を導く資格のない者がマネージャーやリーダーになることで起こります。最近は、メディアでもパワハラやセクハラの話題に事欠かず、ハラスメントという社会悪は相当根深いものだと実感します。なかにはハラスメントをした者の脳の構造を疑うレベルのものも多いのですが、世の中には他人を傷つけることを気にしないどころか、「自分に与えられた権利だ」と勘違いしている人間が一定数存在するようです。

僕自身もハラスメントを受けたことがあります。かつての仕事のなかで、パワハラを受けたのです。

ハラスメントを受けている最中は、「自分にも非があるのかもしれない」「きっと能力が足りないのだろう」といろいろ考えてしまうもの。しかし、ハラスメントは卑劣（ひれつ）な行動以外のなにものでもなく、「する側」のほうが圧倒的有利な立場にいます。

特に日本では、すべての産業で男尊女卑と年功序列が制度的に長く保障されていました。男女雇用機会均等法がありながら女性に活躍の場が用意されていなかったり、若いというだけで無能な上司に圧力をかけられるといったことがまかりとおってきたのです。また、日本では転職がまだまだ一般的とは言えない状態にあり、そんな職場でも我慢して働く人がとても多い現実があります。

**ハラスメントに我慢する必要はまったくない。**

もし反撃できる仕組みがあれば徹底的に利用すればいいし、ないならその場から逃げてしまいましょう。状況によってさまざまな制約はあるでしょうが、それでもハラスメントに我慢する価値などないのです。

また、相手に報復を考える人も多いとは思いますが、人生の貴重な時間を奪われるので、そんな連中は放っておいて自分の人生を楽しむ思考に切り替えたほうがいい。ハラスメントなんかで、人生をすり減らさないでください。

先にも書いたように、日本はマネジメント後進国です。そして、ハラスメントが横行するのは、ほとんど訴えられないから。欧米ならハラスメントは一発で刑事告訴され、ほとんどの場合で訴えられた側が負けます。訴える側の弁護士からすると、「さて、今回はいくら取れるかな？」というほどイージーなハンティングなのです。

でも、日本ではマネジメント自体の無理解ゆえに、訴えても「判例がない」という場合が多々あります。むかしからずっと「よくあることだから」「一種のコミュニケーションなんだから」と言って、ハラスメントで告訴できる状態に至っていないのです。

これにはさまざまな問題が複雑に絡み合っていますが、日本には社員を守るための厳格な解雇規制があることも関係しています。要は、「雇用を守っているじゃないか」というわけです。

ハラスメントは欧米でも問題になっていますが、たとえばアメリカでは経営者が解雇する権利を持っているので、労働者も半面、権力を濫用（らんよう）されないように注意深くなる面があります。また転職も一般的なので、会社なんて簡単にやめられます。でも日本は、会社に属していることに重きを置く社会ですから、「このくらい我慢しなさい」というのが、なんとなくの暗黙の了解になっている面もあると感じます。

しかし、ますますグローバル化が進むいまの時代には、そんなことでは世界から取り残されてやっていけません。ですから、僕は声を大にして言いたい。

**酷い上司にあたったら、さっさとやめてほかに行こう。**そのためにも、自分を磨いてどこでも通用する汎用的なスキルを身につけるのも重要なこと。何度も伝えてきましたが、「外のものさし」を持っておくのです。

**自分を磨いてさえいれば、ハラスメント常習者にあたってもいつでも外の世界へ羽ばたいていける。**また、そんな実力を持った人には恐ろしくて、おいそれと上司も攻撃してこないでしょう。

特に外資系企業は、スタープレイヤーをあの手この手で引き止めます。社員がやめてしまうリスクのことを「リテンションリスク」と言って、優秀な人材が去るリスクをどのように下げるかがマネジメントの手腕となります。

また、適性が合っていない人に、ほかの可能性に気づいてもらうのも重要な仕事。欧米企業というとやたらとクビを宣言するイメージがあるかもしれません。ですが、そうではなく、本人としっかり対話してほかの可能性に気づいてもらうこともマネジメントの仕事なのです。

「だからおまえはダメなんだよ」などと部下に言っても、なんのアドバイスにもなりません。そんな上司がいる職場でも、ほかのキャリアパスが描きにくいために、我慢して居続ける人がとても多いのかもしれませんね。

## ハラスメントする側にならないための視点とは

逆の視点から、ハラスメントをする側にならないということも考えてみましょう。

僕はこれまで会社員時代の同僚や知人から相談を受けて、何度かハラスメントの告発をしたことがあります。綿密に証拠を集めて外堀を埋めたのち、適正な手順を踏んで加害者に責任を取らせるようにしました。いざハラスメントの事実を突きつけたとき、彼らによく見られたリアクションがこれです。

**そんなつもりじゃなかった。**

欲望のおもむくままに行動してハラスメント認定されたなら同情の余地はないですが、なかには「よかれ」と思ってしたことでも、相手の受け取り方がちがったパターンもあり得ます。

それでも、ハラスメントと思われた時点でアウト。では、どうすればいいのでしょうか。

僕はもうこのふたつに尽きると考えています。

## コミュニケーション能力を磨く。すべての言動に責任を持つ。

CHAPTER03で触れた**コミュニケーション力に加えて、すべての言動に責任を持つと心に決めれば、あなたの行動に一貫性が生まれます**。一貫性があれば、まわりにいる人たちはあなたとどう接すればいいか線引きをすることができます。人によってころころと態度を変える人は、接する相手の距離感を見誤ってしまい、「そんなつもりじゃなかった」という展開になってしまいがちなのです。

もちろん、自分の言動に一貫性を持たせるのは難しいこと。僕自身も完璧にできているとは言えないかもしれない。それでもハラスメントをする側になりたくなければ、自分の言動に軸があるのかどうかしっかり考え抜く必要があります。

言動に一貫性があれば、もし相手が「ハラスメントだ！」と言ってきたとしても「これが自分の考えであり生きる道だから、相手がそう受け取ったなら仕方ない。責任を取ろう」と後悔せずに言い切れるのではないでしょうか。

**人や状況によって自分の軸を変えていないかどうか、ぜひ自己分析をしてみてください。**

自分が当事者にならない保証はどこにもありません。自分をしっかりと振り返って、被害者にも加害者にもならないようにすることが必要なのです。

## ●「好き嫌い」に関係なく「信頼」を築く

マネージャーはメンバーの能力をKPI化して判断することが大事だと書きましたが、日本ではどうでもいい計測可能なパラメーターばかりが重視されています。

たとえば年齢がそう。そして入社年次、性別、出身大学と続きます。こんなパラメーターでヒエラルキーをつけようとしているのです。

でも、これってまったく能力と関係ないですよね。マネジメント層がいい加減だから、いつまでもこんな数値で人を測っているのです。

欧米、特にアメリカの企業では、エントリーシートに年齢の欄があると法律違反になる可能性が高まります。「年齢で差別している」とされるのです。たしかに、能力に年齢は関係ありません。

もちろん顔写真も貼りません。なぜなら、写真を貼ると人種差別のリスクになるからです。面接に落ちたときに、「肌が○色だから落とされた」となりかねないため、企業側がリスクヘッジをしているのですね。

だからこそ、すべてはインタビュー（面接）で決まります。実際にアメリカの数多くのテクノロジー企業には、60代や70代でバリバリのデベロッパー（開発者）が在籍していま す。コードが書けて経験もあるので、企業側からしても雇うのにメリットしかないわけで す。能力に対して給料を払っているので、年齢が60歳だからといって無条件に高額な給料を払う必要もありません。

こんなことを言うと、「自分より年下の人間が上司になったら平常心でいられるわけがない」と、僕に言ってきた人もいました。でも、それってすごい決めつけだと感じるので す。その人はそう感じるのかもしれませんが、硬直化したヒエラルキーのなかでしか働いたことがないからなのかもしれません。

だからこそ、**これからの時代のマネジメントにとって本質的かつ大切なことは、信頼関係を築くこと**です。好き嫌いではなく、たとえ人間的にタイプが合わなくても、信頼して仕事がまかせられると良好な関係は築けるものなのです。

もちろん人間的に好きなほうが信頼はしやすいですが、好きになると問題点があるにもかかわらず、見ないふりをしてしまう可能性もあります。

そこで信頼関係を客観視できるように、ＫＰＩ化することに話が戻ってくるわけです。どんなにその人が好きでも、パフォーマンスが低ければ伝えなければならないし、上がるようにアドバイスをしなければなりません。

## マネジメントはフェアである。

さもないと、人に好かれることに夢中になってビジネスが前に進まなくなります。これが社内接待の本質です。かつて日本の大企業でもそういうことがありましたが、社内接待が横行する会社は業界のガリバーであっても必ず潰れます。

「上司に好かれないと……」と思って働いている人は多いでしょう。もちろん好かれるのは悪いことではありませんが、それよりも仕事で「信頼を得ること」に集中してほしい。

僕がマイクロソフト社で率いていたチームメンバーには、僕に好かれようと思って行動している人なんてひとりもいませんでしたが、それでも、信頼に足る仕事を共有しようというマインドセットをみんなが持っていました。すると、場合によって「こんな素敵なことをやっているんだ」と、本人の報告よりも先にウェブの記事で知ったり、気づいた人がシェアしてくれたりもします。

そこで本人に聞くと、「来週のミーティングで言おうと思っていたんです」と、しれっと返される。こういうのって、「自分をわざわざアピールする必要もないんだ」と思えてとても信頼度が上がります。

先に「マネジメントはフェアでなければならない」と書きましたが、それは当然のこと。

本来は、すべての働く人がフェアでなければならないのですから。

CHAPTER 05

# 自分自身を疑う

*Doubt yourself*

# 髪型や服装は、
# あなたの大切な
# コミュニケーションツール

## ●僕の髪型は「インターフェース」である

ここまで「あたりまえを疑う」をキーワードに、狭い価値観や同調圧力に抵抗しながら(あるいは逃げながら)、あなたの人生の可能性を広げていくアプローチを探ってきました。

CHAPTER05では、成長をより加速させて幸せな人生を手に入れるために、あらためて「自分自身」について疑います。「自己投資」や「ライフプラン」をテーマに、自分を外見・内面ともに見つめ直し、「なりたい自分」へと近づいていきましょう。

まず、みなさんの印象にもおそらくは残るであろう僕の髪型から話をはじめます。

会社員時代に僕のことを知った人は、その後もわりと長く覚えていただけることが多いようです。それはこの髪型のおかげ。最初のイメージは、プレゼンが得意な人というよりも、「サラリーマンでその髪型ありなの⁉」という印象のほうが断然強かったみたいです。

おまけに当時僕は、法人営業に携わっていたので、本来ならこんな髪型は常識的にはあり得ません。でも、僕はこの長髪によって覚えてもらいやすく、また紹介もされやすくなったので、ずっとこのままで過ごしています。

もちろん、責任を伴うことも自覚していました。この長髪で仕事がいい加減だったり顧客に対して失礼だったりすれば、風あたりは普通の人に比べて極めて強くなることは目に見えています。逆に、**顧客や社内の期待値を超える働きをすれば、この長髪はユニークな自己プロデュースとして市民権を得ることができる**というわけです。

つまり、この長髪はハイリスク・ハイリターンな自己投資。僕にとっては、自分を律するためのひとつのツールになっているのです。

「他者からどのように見られるか」「どんなところを見せたいか」という「外面」を意識することは、僕は自己投資の大切な要素だと考えています。なぜなら、すべての自己プロデュースに共通する原則が、もっともわかりやすいかたちで現れる部分だからです。

**【自己プロデュースの原則】**
**「なりたい自分」を言語化する。**

この「なりたい自分」をイメージできていない人がたくさんいます。少なくとも、言語化していない人はかなり多いのではないでしょうか。

たとえば、僕は髪型や服装と同じように、自分にとって理想的な体重もキープしています。これは「なりたい自分」「ありたい自分」が、太っている自分ではないからです。人前に立ったときにまっすぐ立てている人、きちんと洋服を着こなしている人、たるんでいない人という印象を与えたいので、体をしっかりと管理することを自らに義務づけています。

**「なにを考えて生きているか」という内面はもちろん重要ですが、他者との接点という意味では外面はとても大切なもの**でもある。外面はインターフェースであり、どれだけ高性能なＣＰＵやメモリであってもディスプレイが汚れていたり、白黒だったりしたら大人として厳しい評価にならざるを得ません。

インターフェースは他者と接するうえで重要な役割を持っていると同時に、自分の内面を正しく伝える手段。ディスプレイが美しければ計算結果をわかりやすく見せることができるのと同じように、内面の働きを正しく効果的に伝えるには、やはりインターフェースの美しさが大事になってくるのです。僕がいくらこんな話をしても、ヨレヨレでシミだらけの汚い服を着ていたら説得力は生まれないでしょう。

第一印象の多くは外見で決まります。別にハンサムである必要はないし、少々太っていても髪が薄くてもいい。ただ髪がボサボサだったり、肌が脂ぎったりしているのはやはりいただけません。内面を磨いたうえで外面もきれいだと、さらに評価が上積みされるので、自己投資として見た目に投資するのは良いアプローチだと考えます。

特に髪型は、個性をアピールするのにとても有効なもの。程度の差こそあれ、日本人はたいていが黒髪。しかも、同じ髪型を強要する奇妙なルールがあちこちに存在するため、僕には選択できない職業がいくつかありそうです。

「髪が短いこと」「結んであること」を当然のように押しつけてくる同調圧力が極めて強い国ですが、手入れしていなかったり不潔だったりする人たちが、のうのうと管理職におさまっているなんてやっぱりおかしい。

同じように、服装も手っ取り早く変身願望を叶（かな）えてくれます。自分の生き様を外に対してわかりやすく伝えるものとして、服装はとても手軽なツール。肉体を変化させるには時間が必要ですが、服なら誰でも選択することができます。短い時間で効果を発揮できるため、対投資効果が高いのです。「自分をどう見せたいか」を言語化して、それを身にまとえば、あっというまに周囲に影響を与えることができるでしょう。だからといって、ファッションをものすごく洗練させる必要はないですが、このことを突き詰めて考えなければなりません。

**なぜ、これを着るのだろう?**
**なぜ、この髪型なのだろう?**

このことを立ち止まって考えると、「自分をどう見せたいのか」「自分はどうありたいのか」を常に意識することができます。

さらに、そのように意識した先には、おのずと他者の存在が浮かび上がってくるはずです。

**どのように他者と接したいのか。**
**どのように他者に貢献したいのか。**

自分自身の外見に責任を持つことは、自分のパフォーマンスを高めるだけではありません。他者との接し方を考えることで、他者への理解も深めてくれるとても大切なアプローチとなるのです。

## ●時間のパラメーターを意識して食事をする

「なりたい自分」「ありたい自分」のイメージを言語化したとき、僕は自分のキャラクターセットとして、細めの体を維持することと定義しています。そこで、ふだんから太らないように気をつけることが、生活サイクルに組み込まれています。

このように、根本に自分の「決めごと」があることが重要。すると、あとはそこから逆算して、「なにを食べたら太るのか」「なにを食べたら調子が出るのか」といった知識を学んだり、アドバイスを受けたりして実践すればいいのですからね。

よく僕が「昨日は食べ過ぎたから今日は少し軽めにしよう」などと言うと、「澤さんはそんなこと気にする必要ないじゃないですか」と返されることがあります。これはちょっとちがうんですよね。太ったから食生活を気にして体重を減らすのではなく、太らないような食生活を心がけているから、体重を絞る必要がないように見える体型を維持できているのです。ビジネスパーソンとして自分が納得できるパフォーマンスを基準にして、けっして太らないように食事に気をつけているということです。

具体的に実際の食事では、「いまのタイミングでなにを食べればいいのか」というように、時間のパラメーターを意識しています。これには、「いま食べておいたら昼までもつ」といった1日のなかのパラメーターもあれば、「この食生活だと5年後には確実に太る」という長期的なパラメーターもあります。

たとえば、ファストフードはあくまでも素早く食べられるのがウリであって、健康については目的にされていません。そう考えると、ファストフードばかりを食べていると体にどんどん借金が増えている状態になり、数年後には必ず返済期限がやってくるでしょう。

そう考えると、ただ「3食食べよう」「いまエネルギーを充填しよう」という捉え方ではなく、自分が数年後も変わることなく仕事で十分なパフォーマンスが出せるようにイメージして、食事をすることが大切になるというわけです。

自分のキャリアやパフォーマンス、自己プロデュースといった視点から、ふだん食べるものを選び取ることが求められるのです。

# いい人生を送りたいなら、「食事」と「睡眠」を大切にする

## 僕は同僚とは食事をしなかった

食事に時間のパラメーターを導入すれば、「この食事会に出ると1年後の自分にプラスになる」といった見方もできるでしょう。つまり、こういうことです。

**今日は誰と食事をするか。**

これからする食事が、どのような意味づけになるのか。将来なりたい自分を考えたうえでの食事なのか。そんな観点で食事という場を捉えるのも、仕事がデキる人に多い考え方のひとつでしょう。

一生のうちにできる食事は、平均寿命まで生きたとして、男性の僕ならおよそ9万回。**せっかくの9万分の1を使うのだから、僕は誰と食事するかを考えることはとても大切**だと思います。

僕の場合、夜はなるべく妻と食べるようにしています。そして、仕事上の関係が近い同僚のような存在とはあまり食事や飲みには行きませんでした。なぜなら、昼間に人間関係を構築する時間がたっぷりあるので、夜まで一緒にいると新しい出会いの機会が失われるからです。

食事には幸福な気持ちを高める効果もあるし、そのうえで自分のためになるインプットができればとても有意義ではありませんか。

食事しながらの勉強会もありでしょう。でも、いつも同じメンツで飲みに行ったり、テレビを観ながら食事したりするのは、一概に悪いとは言えませんが……成長の機会を考えると「もったいないかな」と感じます。

僕は同じ部門の同僚ともほとんどランチをしませんでした。もともとひとりで食べるのが好きなこともありますが、せっかくなら人間関係も広げたいので、ちょっとした流儀があるのです。

## あえて4人テーブルでぼっち飯。

つまり、誰が同席してもいい状態にしておくわけです。すると、ときどき若手社員が恐る恐る僕に近づいてきたものです。「この人からインプットをもらえる」と味をしめて、ちょいちょい来る若手社員もいましたね。

じつは、僕も若手社員と同じようなことをしていました。チーフテクノロジーオフィサー（CTO）という役職を持つ、とてもテクノロジーに詳しい人がマイクロソフト社にいたのですが、彼もわりとぼっち飯タイプだと僕は勝手に見ていました。そこで、ぼっち飯中の彼をしょっちゅうつかまえては、最新技術のことを学んでいたのです。

すると、ランチの数十分がCTOによるマンツーマン教室という極めて贅沢な時間になる。そこでの情報のインプットが至近のプレゼンのキラーフレーズになったり、ときには彼から近寄ってきたりすることもあって、お互いに有益なインプット・アウトプットの場になっていました。

このように、毎日のランチをいつもとはちがう人と情報を交換し合う場として活用すると、多忙ななかでも充実した自己投資を続けることが可能となります。

誰とどのように食事をするか——。

これは、自分という人間をつくるうえで極めて大事なこと。食事の時間を基準に、自分の仕事や生活、さらには人生を見直すと、いろいろなことが見えてくるはずです。

**食事には生き様が出る。**

食事は、食べ方や外食時の振る舞いなどはもちろん、食事をどのような機会として捉えているかが如実に表される、まさに生き方を映す鏡なのです。

## ●睡眠は究極の投資である

食事と同様に、人間の基本的な生命活動が睡眠です。僕は**1日のスケジュールの割り振りを、必ず睡眠から考えるようにしています。**

はっきり言うと、**睡眠時間を削ることは愚の骨頂。睡眠時間を削ってパフォーマンスが上がることは、絶対にない**と言い切れます。「睡眠時間をどれだけ確保できるのか」「どれだけ睡眠を取れば自分は最高のパフォーマンスが出せるのか」を理解しておくことは、デキるビジネスパーソンの絶対条件です。

また、「どんな環境で眠ると自分はパフォーマンスを出せるのか」も把握しておくといいかもしれません。僕の場合はわりとどこで寝ても大丈夫で、飛行機だろうと電車だろうと睡眠時間にカウントできますが、外で寝ると疲れが取れないという人もいるでしょう。そんな人は、眠る環境まで理解したうえでスケジュールを組む必要があります。

それでも、どうしてもスケジュールが詰まって忙しいときもあります。そんなときこそ、「どこで体力を回復させるのか」を事前に考えておかなければ倒れてしまいます。忙しいとついこなさなければならないタスクばかりを優先してしまい、気がついたら倒れてしまったというのはよく聞く話ではありませんか。

そんなときは、「ここはしっかり眠ろう」「この用事の間で仮眠を確保しよう」というように、まず睡眠時間を天引きしてしまうといいでしょう。**睡眠時間を天引きすれば、エネルギーが充填されるうえに、天引きした時間を「ないもの」として考えるため、残りの時間の使い方がより効率的になります。**

こんなことを書きながらも、じつは僕は睡眠の設計をギリギリにしてしまうタイプで、ときどき予定を詰め込み過ぎてしまいます。

どこでも寝られる性質ゆえに、「飛行機で寝よう」「まあ、大丈夫だろう」と思って突き進んでいたら、ひょんなところで喉が炎症を起こして熱が出たり、機内で風邪をうつされたりということも。体の抵抗力が弱まっていると、思わぬトラブルに見舞われるものです。

そこで、そんなトラブルが起こることも想定したうえで休息や睡眠を確保しなければなりません。押さえておきたいのは次のふたつです。

**①スケジュールは必ず可視化する。**
**②スケジュールと体力を照らし合わせる。**

多忙なビジネスパーソンなら、①のスケジュールの可視化をしている人も多いと思いますが、意外な落とし穴が②。用事や案件をただスケジュールに落とし込んでいるだけで、自分の体力をまったく計算に入れていない人がとても多いように見受けられます。

人によって最適な睡眠時間はちがうし、睡眠の質や、そもそもの体力も人それぞれ。午後に集中力がガクンと落ちる人が、その時間帯に重要な仕事を入れても生産性は落ちるばかりでしょう。

そういったことが、スケジュールどおりに仕事が進まなかったり、トラブルが発生したりする大きな原因になっているのです。**スケジュールと自分の体力を照らし合わせること**

**は、時間管理にとって大切なポイント**です。

**睡眠とは究極の時間の投資であり、また、費用でもある。**どんなに体力に自信がある人でも、睡眠を疎か（おろそ）かにすれば体を壊すし、そこまでいかずともパフォーマンスは確実に下がってしまう。睡眠にこそもっとも貴重なリソースである時間を投資したほうがいいのです。

その意味では、良質な睡眠を得るコンディションをつくるために定期的にマッサージに行ったり、品質の良い枕を買ったりするなど、睡眠にお金を投資することも賢い選択となるでしょう。

# 自分に役立つ人脈づくりは意味がない

## ●「ギブファースト」が、良い人脈を与えてくれる

自己投資として人脈づくりに力を入れている人も多いと思います。

ただ、人脈というものは、じつは広げることを目的にしているうちはなかなかうまくいきません。なぜなら、自分の都合のいいように人脈をつくろうと思っても、相手がそれに乗っかる理由はなにもないからです。

これって、考えてみれば当然の話ですよね。でも、実際には人脈をそのように捉えている人がたくさんいます。いったい、「人脈をつくる」とはどのような行為なのでしょうか。

僕の考えはこうです。

**人脈をつくる＝相手に価値があるものを提供する。**

つまり、**自分だけでなく相手にも得になってもらう「ギブ・アンド・テイク」の関係でなければ、有効な人脈にはならない**ということ。自分が相手にぶら下がっていてはダメなのです。

逆に言えば、相手に「価値がある人だ」と思わせなければ人脈をつくる意味もありません。

そこで、**僕が考える人脈づくりの基本は、「相手からなにを得られるか」ではなく「自分がその人に貢献したいと思えるか」**ということになります。

なにか手伝いたいな、役に立ちたいなと思えたら、いい関係が構築できる可能性は高まります。そう思える相手と会話していれば、相手も「この人は自分から搾取(さくしゅ)するだけの人だ」とは思わないでしょう。

だからこそ、「自分から与える」というマインドを持って人と接してみてください。この習慣づけができれば、自然と良い人脈が増えていきます。

**ギブファーストで先に価値を与える。**

これこそが、人脈づくりの最大のコツ。

与えるものがないのに、価値だけをもらいに行くのは失礼という意識が大切なのです。

いま与えるものがなければ、〝先物取引〟でもいいかもしれません。「あなたのギブを受けて、わたしはこれをやることをコミットします」ということなら、フェアで有益な人脈に発展していくのではないでしょうか。

## ●フェアなアウトプットをすれば化学反応が起きる

僕の人脈形成の例をひとつ紹介しましょう。

あるとき、ピッチコンテスト（スタートアップ企業が自社の事業計画や将来性を短時間で伝えるプレゼンを競うイベント）で知り合った女性が、「女性のためにプレゼン講師をやってほしい」と僕に依頼してきました。

彼女たちはイスラエル女子部というコミュニティを運営していて、女性としても母親としても女性をもっと活躍させるという使命感を持って一生懸命に活動しています。そして、彼女たちはコンテストでとてもいいプレゼンをして、僕は審査員でしたが、すでにギブを受けた状態でした。

また僕は僕で、なにか女性の活躍を支援する活動をやりたいとずっと考えていて、それをあちこちで言ってまわっている最中だったのです。

そうなると、もともと目標が一致しているので話がとんとん拍子で進んでいきます。

さらにここが重要なところですが、僕に対して「なにかギブしてほしい」と言う前に、彼女たちはすでに情報を発信していました。それを受けて、僕にはすでにギブする理由ができている状態だったのです。そのため僕は、「ちょうどやりたいと思っていました」とすぐにお受けしました。

これこそ、フェアかつ有効な人脈のつくり方。

まず自らアウトプットをして広くギブしていると、お互いに受け入れる理由ができやすくなります。

しかも面白いことに、僕は女性のプレゼンスキル向上の支援をしたいといろいろな場所で言っていましたが、じつは彼女たちはそのことを知りませんでした。それでも数年前から僕の存在自体は知っていたようで、「女性のためにいつかお願いしようと思っていた」とのことでした。良い人脈というのは無理して広げようとしなくても自然に話がつながっていくのです。

良い人脈をつくりたいと思う人は、どんどんアウトプットしてみてください。

ギブファーストで考えると、与えられるものを持っていなければならないと思って一歩を踏み出しにくくなる人もいます。でも、もっと気楽に自分の夢や目標を発信したらいいのです。そうしていると、やがて化学反応が起きていくので、やればやるほど得することになります。

**ポイントは、なるべく多くの人に対してアウトプットすること。対象をフォーカスし過ぎると、狭い世界のなかで搾取される可能性がある**からです。「やってもらって当然」みたいなありがたみのない反応になりかねないので、発信先はある程度広くしておきましょう。

# アウトプットは「自分の体験」を語ろう

## 情報発信の大切な原則

アウトプットを続けていくと、自然と良い人脈も広がっていきますが、どんな情報を発信すればいいのかわからない人もいると思います。また、とにかく情報を発信しようと、サイトやSNSで見つけた情報をひたすら拡散する人もいるかもしれない。

でも、自分にとって有効な情報発信は、そもそも自分だけのコンテンツを発信することのはず。そこで、情報発信の際にとても大切な原則をぜひ身につけてください。

**一次情報を発信する。**

たとえば、災害時に「大変だから拡散しよう」と、情報の真偽も確認せずにSNSに流れてきたものをシェアしたりリツイートしたりする行為。これはアウトプットでもなんでもなく、迷惑をかけるテロ行為のようなもの。あいまいな情報を発信すると、その情報が誤りだったときに、デマを拡散したことになってより混乱を招くからです。

そこで**情報発信の大前提として、「一次情報」と認識できたものだけを発信することを**

**心がけたほうがいい**でしょう。

一次情報というのは、「自分が体験した情報」のこと。災害時は本来、一次情報を発信できる人は限られています。伝聞ばかりを垂れ流すと、人の命にかかわる取り返しのつかない事態になりかねません。

また、ギリギリの線で一・五次情報はあります。たとえば、家族など本当に信頼できる人からの情報は伝聞でいいかもしれません。ただし、その場合でも信頼できる人からの情報が誤っている可能性があるので、しっかりと事実関係を分析して情報収集をしなければなりません。

そのように考えると、いまはネット上に二次情報、三次情報があふれていることがよくわかります。「大手メディアは第三者視点が入っているから」と、無条件に信頼する人もたくさんいます。

でも、僕は**メディア由来の情報をツイートしたり意見を加えたりするときは、必ず文頭に「この話が本当だとしたら〜」という一文をつける**ようにしています。なぜなら、自分の一次情報ではないので本当かどうかわからないからです。ただ、大手メディアは会社の看板を掲げていちおう責任を持って情報を発信しているので、そのあたりも含めて、「もしこれが本当なら〜」と加えて発信するというわけです。

「だったら無理に情報発信しなければいいのでは？」という意見もあるかもしれません。

ただ一方で、僕はどんどんアウトプットするべき、とも考えているので、大前提として、デマや偏った考えを拡散することだけはしないようにしているのです。

では、自分だけの一次情報を得るためにはどうすればいいのでしょうか。

これについては、まず自分から行動するしかありません。仕事や興味のあることについてとことん突き詰めて、自分で体験して発信するしか、オリジナルのコンテンツはつくれないのです。

ただし、体験がたっぷり溜まるまで情報発信を待つ必要はない。なぜなら、アウトプットをするとそれに反応するフィードバックがあり、そのフィードバックが思わぬ変化をあなたに与えてくれるからです。つまり、こういうことです。

**フィードバックが一次情報に化ける。**

これこそ、一次情報を発信する最大のポイントでしょう。

先の例で言うと、僕はまず自分の仕事を通じて、「プレゼンの講習ができる、審査ができる」というアウトプットをしていました。そして、審査をしていたピッチコンテストに出場した女性がプレゼンをしてくれました。そのとき、女性を支援する彼女たちの熱過ぎる思いをフィードバックされたのです。

すると、これがいきなり僕の一次情報に化けた。なぜなら、僕は公言していたように、「女性の活躍を支援する団体に対してサポートできる」ことになるからです。つまり、「どこかにいい団体はないかなあ……」とあれこれ探すことなく、フィードバックによって化学反応が起きたということです。

いまの時代はあらゆる情報をインターネットで集めがちですが、その情報は相当に玉石混交です。バイアスがかかっている可能性がかなり高く、僕はやはり**自分の体験や、フィードバックから化けた一次情報がすごく重要**だと考えています。

また、フィードバックしてくれる人と直接会えると、さらに良い循環に入っていき、コンテンツを差別化できるようになります。そこで新しく得た情報は、たとえ伝聞であっても一次情報の「原産地」を知っている状態になるので、ただのネットで拾った情報とはわけがちがいます。場合によっては、お互いに「もっと詳しい人を紹介しましょうか」という展開にもなっていきます。

## ●ちょっと得意なものでも掛け合わせればユニークになる

一次情報を持てるようになってくると、おのずと世の中の成功者と呼ばれる人たちの情報やノウハウばかりを追いかけるといった行動もなくなっていきます。なぜなら、それらがあなたにとって正しい答えだとは限らないからです。もちろん、参考意見としては十分役に立ちます。しかし、そういったものをコピーしてばかりいても、自分のオリジナリティーは生み出せません。

そもそも自分のなかにこそ、いい要素が絶対にあるはずだと僕は信じています。自分が持っているものをきちんと棚卸しして、それを組み合わせてアウトプットしていけばいいからです。そこで、自分だけの「一次情報」をつくるために、このことをぜひ意識してみてください。

## 「ほかの人よりも得意なこと」を3つ掛け合わせる。

「ほかの人に絶対負けないこと」と考えても、なかなか先には進めません。世の中には、自分よりうまくできる人なんて山ほどいるのですからね。

でも、「ほかの人よりも得意なこと」ならどうでしょうか。一つひとつは絶対的に得意なものではない。ただこれが3つ掛け合わされると、とてもユニークなものに変わります。そして、この3つを掛け合わせたオリジナリティーは、言うまでもなくすべてあなたの一次情報になる。

例をひとつ紹介しましょう。

CHAPTER03で、「マイクロソフト社には、本当にファンがついているプレゼンテーターが複数いる」と書きました。なかには「追っかけ」がいる人もいて、そのひとりが千代田まどかさん（「ちょまど」と呼ばれています）。いわゆる「エバンジェリスト」と呼ばれる役割で（今は別の名称になっていますが）、開発者の人たちへの技術啓蒙（けいもう）活動を行う役割を担っています。

まず面白いことに、彼女は漫画家です。もともと幼いころから絵を描くのが趣味だったのですが、女子高に入学してからは、絵だけでなくストーリーを持つ漫画も描きはじめました。ここで、最初の「ほかの人よりも得意なこと」がひとつできました。

さらに、彼女はそれをインターネットで友人たちとも共有したいと思い、コンピュータをはじめるのですが、やるうちにもっと効率を上げたいと感じてＨＴＭＬやＣＳＳ、ＪａｖａＳｃｒｉｐｔなどのプログラミング技術を身につけていきました。ここで、「エンジニア兼漫画家」というちょっとユニークな掛け合わせができました。

そして、あとひとつ。それはなんと彼女の「見た目」でした。検索していただければわかりますが、彼女はちょっとアイドル的なかわいさを持っていたのです。

つまり、まず「漫画が描ける」という軸。次に「コーディングができる」という軸。そして「かわいらしい」という軸で、この３つを備えている女性ってほとんど存在しないというわけです。まさに彼女は、「ほかの人よりも得意なこと」を３つ掛け合わせることで、世界一のオリジナリティーを獲得したのでした。この世界一というのは大袈裟でもなんでもなく、実際に彼女はＩＴエンジニアの祭典『デベロッパーズサミット２０１７』でベストスピーカー総合第１位を受賞しています。

彼女の例からもわかるように、**「ほかの人よりも得意なこと」が少なくとも3つあれば、キャリアを「点」ではなく「面」で考えることができます。**そうすれば、その面すべてを総取りしてしまえるのです。

3つ以上というのは、マイクロソフト社でエバンジェリストとして活躍する西脇資哲さんもよくおっしゃっていることです。彼も、キャリアに関する講演のなかで「なるべく離れた複数の点をつなぎ合わせると、広い面を独り占めできる」と話していました。**1本足打法ではなく、得意分野の「面積」で勝負ができる**のです。

## ●誰でも「得意なこと」を持っている

「でも自分には得意なことなんてない」
「発信することなんて持っていない」

そんな人でも大丈夫。**他人より絶対的に優れたところがなくても、3つ以上の、いわば「小さな自信」を掛け合わせればいい**からです。

それぞれは本当にちょっとしたことで構いません。口笛がうまいとか、折り紙が得意とか、握力が強いとか、大食いとか、花の名前をあてられるとか……。音楽のイントロクイズが得意で、ポルトガル語でちょっと会話ができて、人の肩を揉ませたら上手とよろこばれる――この組み合わせはなかなかありませんよね。それこそ、ユニークさでは世界一かもしれない。

僕はどんな人でも、そんな「小さな自信」は必ず3つ以上あると思っています。自分の持っている能力や興味や趣味は、それだけで誇るべきものなのです。それを3つ以上かき集めれば、たとえ仕事で失敗しても、「まあ、3つを掛け合わせれば世界一だし！」と思って心を落ち着かせることもできるでしょう。人と比べようがないもので自分を誇りに思う習慣をつけると、挫折への耐性になるのです。

たったひとつの能力だけで自分を追い込まずに、「自分ができること」をたくさん見つけましょう。そして、それらを掛け合わせることで、挫折に強い思考パターンが身についていきます。

どんな人でも、それぞれの体験を掘り起こせば得意なものは必ず3つ以上あると書きました。なぜそんなことが言い切れるのか。僕はこう考えているからです。

## ネガティブな体験でも自信に変えていける。

それが得意なことではなく、たとえネガティブな体験であっても、オープンにすることで勇気づけられる人がこの世界にはたくさんいるのです。

僕の妻はＡＤＨＤ（注意欠如・多動症）で、子どものころからあまりハッピーではありませんでした。社会人になってもセクハラなどに苦しめられたと言います。でも、いまではすっかりハッピーになり、その経験を活かしてまわりの人をハッピーにするための情報発信としてブログを書きはじめました。そうすると、同じ苦しみを抱える人たちから「とても勇気づけられた」と大きな反響があったのです。

この世には人を傷つけて平気でいる心ない人間がたくさんいます。でも、そうでない人だってたくさんいます。傷つけてくる人もいますが、同じくらい助けようとしている人もいるのです。あなたが苦手なことやネガティブな体験をオープンにしたとして、それは苦手でネガティブな体験のままかもしれません。きっと、そんなに簡単なことではないでしょう。

それでも、そこに変化は必ずあります。

## ネガティブな体験の「質」が変わる。

「得意なことなんてない」「ネガティブな体験ばかりしてきた」という人たちに、少しでも生きる勇気を与えることができるなら、それは素晴らしく「得意なこと」だと思いませんか？

自分が苦しんだ経験をもとに、いま追い詰められている人に手を差し伸べること。これ以上のオリジナルな行動ってあるでしょうか。

僕自身も、女の子として生まれることを期待されたり（だから、まどかという名前なのではないかと思っています）、スポーツが苦手だったりしたことで、自己肯定感が低い状態で子ども時代を過ごしました。いまでも、こう見えてギリギリな感じなのです。常に、「これでいいのかな？」と自分に問いかけながら生きています。

そこで、なるべく自分のことをオープンにして多くの人に話をしているわけですが、中学生に向けてプレゼンをするときなども、結局いちばんウケがいいのは、「小学校のころはスポーツができなかった」という話。きっと、「この人もそんな感じだったんだ」と共感が生まれるのでしょう。

でも、いまはこうして幸せに生きていることが伝わると、それが勇気づけになります。自分のネガティブな体験をほかの人に伝えることで、その人たちの「自分のままでいいんだ」という生きる希望へとつながることがあると信じています。

酷い挫折体験もオープンにすることで共感が生まれ、それがフィードバックされて、小さな自信へと変わっていく。そんな小さな自信をかき集めて、掛け合わせることで、少しずつ挫折に強い人間になっていく。他者に貢献できると、「あ、良かったな」と素直に思えて、それがひとつの成功体験になり、やがて小さな自己肯定感に変わっていきます。

だからこそ、**他者に対してどれだけ貢献できるかを考えることが大切**なのです。

だからこそ、**僕たちは他者とまっとうなコミュニケーションを心がけなければならない**のでしょう。

# 好きなことだけやって、生きていい

## ●好きなことや得意なことは「やめない」

僕の生き方に触れて、ときどき「コンプレックスの取り扱いが上手ですね」と言われることがあります。ただこれは、自分ではわかりません。先にも書いたように、僕は自己肯定感がとても低い状態で育ち、大人になってからも自己否定をしながら生きてきたからです。そのため、自分では挫折やネガティブな体験からのリカバリー力が高いというよりも、驕らないで生きていることのほうが大きい気がします。

「いつだって自分より上がいる。天狗になってはいけない。でも3つ以上を掛け合わせれば僕だって世界一なんだから、まあ、良しとするか」という感じ。落ち込むたびにそうやって態勢を立て直し、自分にとって大切なことや、自分がやる必要があることに立ち戻っていこうとしています。

もちろん3つを掛け合わせても、努力しなければ世界一にはなれません。得意なことだからといってほったらかしにしていたら、その得意なこともやがて枯れていくからです。自分でも気づかないうちに、静かに欠落していくことでしょう。

そこで自己投資の観点からみなさんにぜひ伝えたい、最強のアプローチをご紹介しましょう。それは、こんなことです。

**絶対にやめないこと。**

やめてしまうと、せっかくのユニークな部分や、あなただけの持ち味がどんどん小さくなっていきます。だからこそ、好きなことや得意なことはやめてはいけないのです。

**「やめないこと」は、世の中で結果を出している人たちの多くに共通した資質**です。また、これは仕事、これは遊びと割り切って考えるのではなく、たとえ苦手な仕事のなかにも自分の得意なことや楽しみをうまく探し出し、それを地道に続けていける人が長期的に成果を挙げています。

そんな、「やめない」人たちの代表が起業家でしょう。あえて乱暴に言えば、バカみたいにずっとそのことばかり考え続けられる人が起業家として成功します。ビル・ゲイツも寝ないでプログラミングばかりやっていたそうだし、マーク・ザッカーバーグも同じような資質を持っていたと言います。

「でもね、その続けることができないんだよ」

そう思うかもしれません。

でも、それが自分の好きなことならどうでしょうか。

たとえば、好きなゲームだったらいくらでも続けられる人はいると思います。でも、「ゲームばかりやって！」と怒られて、一般的にはまるでダメ人間であるかのように扱われるから、早々にゲームの道をあきらめてしまうわけです。本当は大好きだったにもかかわらず、ここでも同調圧力が襲ってくるのです。

しかし、いまの時代はテクノロジーの進化もあって、なんでも続けていくうちに仕事になる可能性が高い時代になった。もちろん、仕事にならなければいけないわけではありませんが、**好きなことを続けていくうちに、逆に世の中が追いついてくるといった展開も十分あり得る時代**になっているのです。

日本でもかなり普及してきましたが、ゲームの腕を競う『ｅスポーツ』（エレクトロニック・スポーツ）などは、オリンピックの新種目になるのではと話題になるなど、ビジネスのフィールドが整いつつあります。アメリカではプロゲーマーがすでにスポーツ選手として認められており、中国や韓国での市場規模も日本とは桁違い。

しかし、古い価値観に縛られている人たちだけが、「あれはスポーツではない」などと言っているわけで、グローバルな流れに思考がまったくついていけていません。従来のスポーツ観に凝り固まっているから、新しい競技が生まれるメカニズムが理解できないのでしょう。「スポーツは勇気づけられるじゃないか」と言うなら、素晴らしいゲームプレイを見て勇気づけられる人は、それこそ世界中にたくさんいます。

つまり、自分はどちらの価値観や考え方を選ぶかということ。そこで、僕は声を大にしてみなさんに言いたい。

先に書いた**「続けられない」というよくある悩みも、そのほとんどは「それほど興味がない」「本当は好きではない」のが原因**だと僕は見ています。そして、ずっと続けないがために成功体験も持つことができず、途中でやめる原因になるのでしょう。

できなかったことができるようになること。

このシンプルなよろこびこそが成功体験。だからこそ、できるまで続ければいい。

そのために、自分が好きなことである必要があるのです。

## ●「いつ」と決めると人生を動かせる

好きなことをして生きるようにすると、一つひとつのものごとに集中して取り組めるようになり、日々の幸福感も増していきます。

ただ、いくら好きなことといっても、「いつか役立つだろう」「いつか使うだろう」と思っていると続けにくくなることもある。そもそも、好きなことは役に立たなくても続けられるはずですが、そんなことを思って途中でやめてしまう人がとても多いようです。

そこで、まずこのことを心に刻み込んでください。

**「いつか」はこない。**

みなさんは、「いつか」というもので部屋の押し入れが詰まっていませんか。「いつか使うかもしれない」「いつか着るかもしれない」と思って残しておいた結果、押し入れが知らないうちにあふれかえってしまうわけです。自戒も込めて言うと、「いつかはこない」

と思えばほとんどの不要なものは捨てられます。

そこで、これからは「いつか」というマインドも変える習慣をつけていきましょう。

**「いつか」ではなく、「いつ」するのか。**

大切なのは、「いつか」役に立つだろうと人まかせにするのではなく、自分で「いつ」と決めること。

そのために、**「このあたりでこんなふうになっているといいな」というおおまかなマイルストーン（中間目標点）を立てることをおすすめ**します。もちろん、「何歳までにこれを達成する」と明確にゴールを決めて達成できれば素晴らしいですが、僕はそんな人たちを「すごいな」と尊敬しつつも、自分には難しいかなと思って見ています。自分がしんどく感じるアプローチでやっても、結局続けることが難しくなるからです。

だからゴールではなく、ざっくりしたマイルストーンで考えてみるのです。

ゴールを考えることがしんどい人も、慌てる必要はありません。ただし、自分なりのペースで進みながら、「いつごろまでにここまでいこう」というマイルストーンを持っているのと、持っていないのとでは雲泥の差があります。なにも考えないでただ好きなことをしているだけでは、どこに向かっているのか自分でもわからず、まったく見当違いの方向に向かってしまうこともあり得るでしょう。

そこで**数年後のマイルストーンをまず立てて、さらにそこへ至るまでの小さいマイルストーンをざっくり逆算して立てていければ、モチベーションを保ちながらうまく続けることができる**と思います。

たとえば、「いまから勉強して来年はアメリカに一人旅へ行こう」とマイルストーンを立てれば、日常英会話の習得やそのための貯金、休暇の設定など小さいマイルストーンをざっくりと逆算できる。ゆるくマイルストーンを考えるだけでも、アクションプランは立てられます。そして、アクションプランがあると、やはり行動に移しやすくなるのです。

「いつ」というのは自分で決める。

これは考えてみれば当然のことですよね。だって自分の人生なのだから、人を傷つけたり理不尽な迷惑をかけたりしない限り、あなたの人生はすべてあなたが決めなければならないのです。

ちなみに、僕自身もそう心がけて毎日を生きているので、おのずと逆算した行動が増えていきます。すると、いろいろな場所で化学反応が起こって、自分で思っていた人生のマイルストーンはほとんど前倒しで達成されていきました。

アウトプットをして、フィードバックを得ることがいちばんの学びになる。そして、具体的なアクションにもつながります。だから、僕はいつも「これがしたい」「こうなりたい」とまわりに言い続けています。そして、僕ははっきりとこう思います。

**夢は人に伝えよう。そうすれば叶いやすくなる。**

夢というのは、他者に伝えることで自分のなかで言語化されていきます。またフィードバックを受けて、どんどん自分の頭で考えられるようにもなる。ぼんやり思い浮かべている状態がもっとも危険なのです。

厳密なゴールを設定しなくても構いません。まずは、目指す方向へマイルストーンを立てることからはじめましょう。

**「いつ」と決めることで、人生の舵(かじ)を取る。**これが自分を大きく成長させるために必要な自己投資のマインドなのです。

# 定年後に新しい人生はやってこない

## 「複業」は精神的な保険になる

CHAPTER02で、僕は「外のものさし」を持つための手段として「複業」をおすすめしました。

自分が所属する会社やその周辺だけでしか通用しない肩書に頼るのではなく、アウェーである外の世界で自分の価値を見いだす。そんな生き方に踏み出しそれをものにできると、自分のなかでしっかりとしたプライドを生み出すことができ、いつしか、他人と比較して自分を評価することもなくなります。

他人と比べるのは、そもそも比べるための共通の基準があるということ。同じ会社、同じ入社年、同じ職級、同じ職種……というように、自分と他人を比べる要素がたくさんあることが根底にあるのです。そこに古いルールや慣例が絡んでくれば、ますます内向きな思考に傾くことは間違いありません。

ここで、ほかの人とはまったく重ならない複業を持っていればどうでしょうか？

「あの人はすごいけど、僕とはちがうスタンスだから比べる理由がないな」と思えて、無駄に心が騒ぐことはありません。**複業をすることで、他人と競わずともユニークな存在で**

**いられる**からです。

たとえどこかで勝手に順位がつけられたとしても、それと自分の人生はまったく別もの。**仕事がひとつだけだと、どうしてもランキングは気になりますが、複業だとなにを気にすることもなく、自分のやりたいことへ向かっていけます。**

また、会社が突然潰れたり、希望しない配置転換をされたりすることはいくらでも起こり得ます。ひとつの会社でひとつの仕事しかできない状態はかなりリスキーかもしれない。そんなことに陥る可能性は誰にでもあるからこそ、僕はいまのうちから複数の仕事をすることをおすすめしているのです。まとめるとこういうことです。

**複業はライフプランの保険になる。**

これは先に述べた、「ほかの人よりも得意な3つのこと」にも通じる考え方。このうちのひとつでも新たな仕事につながれば、あなたは「複業家」として歩むことができます。

人生で好きなことをやるための保険。

収入をひとつに頼らないための保険。

もし、いまの仕事でなにかのコンプレックスを抱えているなら、複業によって十分な精神的保険を得ることができるでしょう。

## 会社で働くことだけが人生のすべてではない

複業によって自分がやりたいことに近づいていければ、実際に会社をやめるかどうかはともかく、いつでもやめられる状態になります。

マイクロソフト社にいたときの僕は、会社で働くのが楽しくて、会社に感謝もしていました。ただ一方で、パフォーマンスを出せないのにしがみつくつもりはありませんでした。「やめろ」と言われればその日にやめられるくらい、未練がない状態に自分の身を置いていたのです。実際に、当時の上司にも「どうしても会社の都合でやめてもらいたいと思ったら、いつでも言ってほしい」と伝えていたほどです。

つまり、「その日のうちに行動できるから安心してください」ということ。その代わりに、在籍している間はベストを尽くすというコミットをしました。複業をしているからこそ、ひとつの仕事にぶら下がることなく、プロとしてコミットできるのです。

なぜそこまで複業にこだわるのか。僕の答えは至ってシンプルです。

## 人生は一度きりだから。

どんな人にも、与えられている人生は一度きりです。その時間を、できる限り自分のために使いたいのです。そのため多くのやりたいことに踏み出して、すべての仕事に本気で取り組んできたわけです。

世の中には定年までひとつの会社を勤めあげて、それなりの安定を手に入れるという考え方もあるでしょう。でも、僕は「定年までしか働かないの?」と思ってしまう。世の中にこれだけ未知の情報が満ちあふれ、楽しいことがたくさんあるのなら、「60歳で余生という感じでもないな」って思うのです。

ここにも、過去の価値観に縛られたマインドセットが潜(ひそ)んでいます。まるで自分の人生の歴史を区切るかのように、なぜ定年で人生を一度区切る必要があるのでしょうか。

定年後に新しい人生がはじまるのではなく、ひたすら人生は前へ向かって続いていくのです。考えなければならないのは、死ぬ瞬間まで続いていく人生において、自分はなにをして生きたいのかということ。

会社から求められたことに応えるのが、自分の生きがいになるのは悪いことではありません。それが好きならおおいに結構です。ただし、心にとどめておいてほしいことがあります。

**会社はそれほどあなたのことを考えていないかもしれない。**

あなたが求められてきた仕事が、ある日なくなるかもしれません。事業自体がなくなるかもしれないし、急に異動になることだってあるでしょう。そもそも、会社ですらずっと続くものでもありません。「いまの会社や仕事に依存するのはリスキーかもしれない」。そう思える感性が必要なのだと思います。

## ライフワークは「信念」、実現する手段が「仕事」

そう考えていくと、よく「自分のライフワークってなんだろう?」と迷う人がいます。でも、なかなか見つけられないのは、それを「好きな仕事」「やりがいのある仕事」「自分に向いている仕事」というように、あくまで「仕事」という枠として捉えているからです。

でも、僕はライフワークをこう考えています。

**ライフワーク＝自分がもっとも信じていること。**

ライフワークは信念であって、それを実現する手段が「仕事」というわけです。たとえば、定年後に退職金を元手にして手打ちの蕎麦屋やカフェをやろうとする人がいます。もちろんその選択自体はいいのですが、日によっては自分の店に迷惑な客が来て激しく文句を言われたり、まったく客がやってこなかったりすることもあり得るわけです。

それでも自分は蕎麦を出したいのか。コーヒーを淹れることが骨の髄から好きなのか。なにがあってもへこたれずにできることなのか。そこまで落とし込んで考えて、納得できるものがライフワークなのです。

それほどまで絶対的に信じられる対象が見つかれば、なにがあってもブレることがなくなります。年を経たら体力も衰えるし、疲れやすくなるし、ほかにもいろいろな厄介なことが起きます。それでも、自分がもっとも信じることだけは、なにかしらの手段でずっと続けることができるでしょう。

逆に言うと、**自分がもっとも信じていることに沿って考えていけば、おのずとライフワークを実現するための「仕事」は見つかる**のだと思います。

僕の場合であれば、「人がハッピーになるような方向への気づきを与えること」をライフワークに位置づけています。そして、プレゼンをしたり、話をしたり、言語を拾ってきて再構築したりすることが得意なので、そんな自分のパフォーマンスをベースに、多くの人にいろいろな気づきを与えていけたらと考えています。

ただ、続けていて苦にならないというのは、やっていて楽ということではありません。自分がもっとも信じていることだからこそ、苦労も受け入れられるということです。

先にも触れましたが、ここ数年、注力していることのひとつが、日本の働く女性のキャリアアップのサポート。そこを手伝うというのが、いまの僕が興味を持っている領域です。同時に、若者や起業家を広くあまねくサポートしたいと思っているので、大学の先生をしたり、頼まれれば中学や高校の講演にもよろこんで出かけたりしています。

## ●自分らしく「ありたい自分」になれ

新型コロナウイルスによって、僕たちは移動の自由をかなり制限されましたが、**あらゆるものがオンライン上に移行したことで、逆に価値観の「流動性」は高まった**と見ています。

これまでは、「いつでも移動できる」ことを前提にしていたため、自分が移動できる範囲のなかで仕事をしたり、価値を提供したりと限定される面がありました。だからこそ、自分でも気づかないうちに、家と会社を往復する毎日になってしまう人もいたわけです。

でも、僕たちの仕事や生活が強制的にオンラインへと置き換えられた結果、より多様な人たちと簡単につながれるようになり、むしろそのスタイルが一気にメジャーになりました。**オンラインという選択肢が加わってハイブリッド化したことで、いま、さまざまな人やジャンルや価値観を隔てていた垣根が、一気に消滅した**状態になっています。

僕はいまオンラインサロンを運営していますが、参加者のなかには新型コロナウイルスの流行がなければ、自ら積極的に参加しようとは思わなかった人たちも多いようです。

でも、ふとなにかを感じてオンラインサロンに入ってみると、あたりまえですが、「世の中にはこんなにいろいろな人たちがいるんだ！」とわかります。

僕のサロンは、それこそ学生や地方在住の主婦やシングルマザーもいれば、もちろんビジネスパーソンもいるし、なかには自分の著作を出していたり、格闘技イベントを運営したりしている人もいます。本当に多様な人たちが、僕というひとつのハブに集まってくれて、あれやこれやと自由に情報交換をしているのです。

するとこれまでの自分とはまったくちがう視点や価値観に触れることができるので、学びがどんどん深まります。こんな体験が誰でも簡単にできるのが、いま「ありたい自分」に近づいていく、とても大きなきっかけになっているのです。

僕自身も、2020年までは移動にかなり時間を取られていました。でも、その時間がほぼゼロになると、より多くの時間をアウトプットとインプットに集中させることができ、1日が大きくそのふたつの活動にわかれて、メリハリをつけやすくなりました。

それまでは、移動時間もフル活用して緊張状態を維持していましたが、その時間がなくなったことは、メンタル面でもとても快適な状態です。こうした変化は、新型コロナウイルスがなければ、なかなか起きなかったかもしれません。

いまオンラインでいろいろな価値観につながることのハードルは、思いきり下がっています。もしかしたら、僕のオンラインサロンに参加している人たちも、心のどこかで「焦った」のかもしれません。ある日突然会社に行かなくてよくなり、いつもの安心できる居場所が得られなくなってはじめて、「なにかしなきゃ……」と思った人もいたのだと思います。

これは多くの人のマインドセットが、少しずつ変わりつつあるということを意味します。そして、**いまのタイミングで、「多くの価値観に触れることができるかどうか」が、ハイブリッド時代に「自分らしく」生きられるチャンスをつかめるかどうかを左右するアクションになる**と考えています。

さまざまな人たちとつながっていける、より大きなきっかけやチャンスが、いまの時代にはあります。「ありたい自分」になるというのは、わかりやすくいえば、「人生は一度きりなのだから、自分らしく生きよう！」と宣言すること。

**自分らしく「ありたい自分」になるためには、いつのまにかたくさん抱えていた「あたりまえ」を疑って、自分なりの新しい行動に踏み出す必要がある**のです。

「疑うからはじめる」
ことこそが、
これからの時代を
生き抜くマインドである

## ●これから必要とされる資質は「未来志向」

人生100年時代を迎え、将来のお金や病気のことは心配だし、テクノロジーもどんどん進化していく。そんななかでライフプランニングを難しく感じたり、どのようなマインドを持ったほうがいいか模索したりしている人も多いと思います。

僕たちはいま、どのような「THINK」を持って生きていけばいいのか。ここで、ひとことで表しましょう。

**未来志向。**

僕はこの**未来志向こそが、これからの時代を生きていくうえで絶対条件になる**と考えています。時間の本質は、前にしか進まないという「不可逆性」にあります。そう考えると、過ぎ去った時間はもはやライフプランとはあまり関係がなく、先のことを考えることにもっと集中する必要があるのではないかと思うのです。

もちろん、過去は自分が生きてきた証だから、そこから経験や学びといったプラスになるものを引き出すことはできるはず。ただし、過去を変えることはできない。正確には、過去の事実自体は変えられないのです。**過去のネガティブな体験を自信に変えていくのは、このいまと、未来のあなたの「THINK」**です。

過去のネガティブな体験が扱いにくいなら、いまはまだ放っておきましょう。とりあえず顔を上げて、前だけを見ればいい。僕自身もそれほど前向きな性格ではありませんが、なるべく積極的に行動することでカバーしています。

前を向きましょう。

もっと、未来を見ましょう。

そのために、大切なマインドセットがこれです。

**世の中は必ず変わる。**

あなたが好むと好まざるとにかかわらず、世の中は必ず変化していきます。同時に、時間は前へ前へと進んでいくのです。そんな変化を受け入れられるかどうか、変化に対応できるかどうかが、これからの時代に大切なマインドとなります。

以前、メディアアーティストの落合陽一さんが、『朝まで生テレビ！』（テレビ朝日系列）で、高齢者に「ロボットにお世話してもらいたいですか」と問いかけました。すると、ほとんどの人は「嫌だ」と答えました。では、「ウォシュレットとおじさんに拭いてもらうのとどちらがいいですか」と問いかけたところ、今度はほとんどの人が「ウォシュレットがいい」と答えたのです。

もともとおじさんに拭いてもらっていたわけではないので、そこは討論番組ならではの彼流の論法。でも、知らないうちにみんなテクノロジーの変化を受け入れているのは、紛れもない事実のようです。

これは、とても大切なポイントです。

**僕たちもまた変化している。**

彼はそこで、「介護とはなんぞや」という議論をしたのではありません。シンギュラリティについて彼なりの定義を述べたわけです。ＡＩが人間の知性を超えたとき、お互いに共存できる環境をつくりたいと彼は考えた。人間には重い負担であることをロボットが楽々とやってくれるなら、人間はもっと心の余裕を持ってケアに時間を割ける。そのほうが、よほど素敵じゃないですか、と問いかけたのです。

世の中には変化を受け入れられない人がいます。しかし、そんな人でもある部分では変化を受け入れている。受け入れることができないのではありません。「受け入れたくない」のです。

これが固定観念。つまり、新しい成功体験を取りに行っていないだけなのです。

日本人は、起きてもいない悲劇を恐れ過ぎる傾向にあります。起きてから考えるのではなく、起きてもいないのに押さえつけてしまう。あるいは、起きた失敗をとことん叩きのめす。これが、容易に同調圧力に変わっていきます。

僕たちはそんな過去の偏狭な価値観ではなく、未来の世界を見つめなければなりません。

２７３ページの時価総額の比較表を見てください。

２０１８年と少し前のものですがトップ10にいる企業のほとんどは、未来志向によって時代を先取りしたグローバル企業です。約30年前にランクインしていた多くの日本企業は、見る影もありません。過去の延長線上では通用しない世の中にすでに変わっているのです。

さらに、そのトップ10企業の大半が、いまないものを生み出そうとして膨大な投資を続けています。彼らでさえ、「新しい価値を生み出さなければほかの企業に出し抜かれる」と思って必死に努力を続けているわけです。これがいまの世界のビジネスの現実です。世の中は変わるという事実――。そして、あなたも知らないうちに変化しているという事実。残されたオプションは、あなたが自ら変化するかどうか。

それだけなのです。

## ●あたりまえを疑う「変な人」になろう

変化を受け入れるために必要なのは、なによりも好奇心を持つことに尽きます。

好奇心というのはいわば燃料で、知的活動を続けるうえで原動力として燃やすもの。僕がいろいろな場所でアウトプットをして、フィードバックを得ようと続けられるのも、好奇心という燃料が燃え続けているからにほかなりません。

僕は目の前に箱があったら、「なにが入っているのだろう?」と思わず開けたくなるタイプ。好奇心があるから、「とりあえずやってみようかな」「まずは入ってみようかな」と思えるのです。

## 1989年（平成元年）
### 世界時価総額ランキング

| 順位 | 企業名 | 時価総額（億ドル） | 国名 |
|---|---|---|---|
| 1 | NTT | 1,638.6 | 日本 |
| 2 | 日本興業銀行 | 715.9 | 日本 |
| 3 | 住友銀行 | 695.9 | 日本 |
| 4 | 富士銀行 | 670.8 | 日本 |
| 5 | 第一勧業銀行 | 660.9 | 日本 |
| 6 | IBM | 646.5 | 米国 |
| 7 | 三菱銀行 | 592.7 | 日本 |
| 8 | エクソン | 549.2 | 米国 |
| 9 | 東京電力 | 544.6 | 日本 |
| 10 | ロイヤル・ダッチ・シェル | 543.6 | 英国 |
| 11 | トヨタ自動車 | 541.7 | 日本 |
| 12 | GE | 493.6 | 米国 |
| 13 | 三和銀行 | 492.9 | 日本 |
| 14 | 野村證券 | 444.4 | 日本 |
| 15 | 新日本製鐵 | 414.8 | 日本 |
| 16 | AT&T | 381.2 | 米国 |
| 17 | 日立製作所 | 358.2 | 日本 |
| 18 | 松下電器 | 357.0 | 日本 |
| 19 | フィリップ・モリス | 321.4 | 米国 |
| 20 | 東芝 | 309.1 | 日本 |
| 21 | 関西電力 | 308.9 | 日本 |
| 22 | 日本長期信用銀行 | 308.5 | 日本 |
| 23 | 東海銀行 | 305.4 | 日本 |
| 24 | 三井銀行 | 296.9 | 日本 |
| 25 | メルク | 275,2 | 米国 |
| 26 | 日産自動車 | 269.8 | 日本 |
| 27 | 三菱重工業 | 266.5 | 日本 |
| 28 | デュポン | 260.8 | 米国 |
| 29 | GM | 252.5 | 米国 |
| 30 | 三菱信託銀行 | 246.7 | 日本 |

出典：米ビジネスウィーク誌（1989年7月17日号）
「THE BUSINESS WEEK GLOBAL 1000」

## 2018年（平成30年）
### 世界時価総額ランキング

| 順位 | 企業名 | 時価総額（億ドル） | 国名 |
|---|---|---|---|
| 1 | アップル | 9,409.5 | 米国 |
| 2 | アマゾン・ドット・コム | 8,800.6 | 米国 |
| 3 | アルファベット | 8,336.6 | 米国 |
| 4 | マイクロソフト | 8,158.4 | 米国 |
| 5 | フェイスブック | 6,092.5 | 米国 |
| 6 | バークシャー・ハサウェイ | 4,925.0 | 米国 |
| 7 | アリババ・グループ・ホールディング | 4,795.8 | 中国 |
| 8 | テンセント・ホールディングス | 4,557.3 | 中国 |
| 9 | JPモルガン・チェース | 3,740.0 | 米国 |
| 10 | エクソン・モービル | 3,446.5 | 米国 |
| 11 | ジョンソン・エンド・ジョンソン | 3,375.5 | 米国 |
| 12 | ビザ | 3,143.8 | 米国 |
| 13 | バンク・オブ・アメリカ | 3,016.8 | 米国 |
| 14 | ロイヤル・ダッチ・シェル | 2,899.7 | 英国 |
| 15 | 中国工商銀行 | 2,870.7 | 中国 |
| 16 | サムスン電子 | 2,842.8 | 韓国 |
| 17 | ウェルズ・ファーゴ | 2,735.4 | 米国 |
| 18 | ウォルマート | 2,598.5 | 米国 |
| 19 | 中国建設銀行 | 2,502.8 | 中国 |
| 20 | ネスレ | 2,455.2 | スイス |
| 21 | ユナイテッドヘルス・グループ | 2,431.0 | 米国 |
| 22 | インテル | 2,419.0 | 米国 |
| 23 | アンハイザー・ブッシュ・インベブ | 2,372.0 | ベルギー |
| 24 | シェブロン | 2,336.5 | 米国 |
| 25 | ホーム・デポ | 2,335.4 | 米国 |
| 26 | ファイザー | 2,183.6 | 米国 |
| 27 | マスターカード | 2,166.3 | 米国 |
| 28 | ベライゾン・コミュニケーションズ | 2,091.6 | 米国 |
| 29 | ボーイング | 2,043.8 | 米国 |
| 30 | ロシュ・ホールディング | 2,014.9 | スイス |

出典：週刊ダイヤモンド（2018年8月25日号）

もちろん、それにはリスクが伴います。箱を開けたらとんでもないものが飛び出てくるかもしれません。新しいビジネスに手を出したら、ものすごく痛い目を見るかもしれない。それでも僕は、「それも経験だ」と思うようにしています。それこそ死ぬことさえなければ、多少の「崖っぷち」を垣間見るのは、自分の貴重な糧(かて)となるはず。

「面白そう」だと思ったらとりあえずやってみる、そこへいってみる、前へ進んでみる。まわりからは「もっとちゃんとしなさい」「いい加減に大人になれ」と言われるかもしれませんが、じつはこの世の中は、そんな好奇心に駆られた変な人たちによってつくられ、動いているという見方もできます。

ビル・ゲイツだってめちゃくちゃ変な人だし、スティーブ・ジョブズにも変人エピソードが満載ではありませんか。たしかに彼らは天才かもしれませんが、問題はそこにはありません。問うべきは、そんな人たちの影響を受けるだけの立場でいたいのか、それとも自分もみんなを巻き込んでなにかをしたいのかだと思うのです。

そこにこそ、境界線があります。

## あなたはどちらの生き方を選ぶのか？

どちら側にいても生きてはいけるけれど、僕はこの本を読んでくれたみなさんには、やっぱり変な人になってほしい。どうせなら、**自分なりのアウトプットをはじめて、まるでお祭りのような面白い世界を体験してほしい**。僕は、心からそう思います。

僕もまた長髪のサラリーマンだったわけで、日本では十分過ぎるほどに変な人です。でも、一歩日本を出れば、ちょっと髪の長い東洋人というただの地味キャラになってしまう。海外で変な人と言われるのは結構難しいことなのです。ましてや日本の「あたりまえ」にとらわれていたら、ほとんど気づかれることもないでしょう。本当は、とてもユニークな個性を持っているのかもしれないのに。

そうなのです。

**そんな「あたりまえ」を疑え。**

変な人はユニークだということ。ユニークであることは、世界で唯一の存在だということ。あたりまえでいる必要など、どこにもないのです。僕たちはもっと、自分だけのオリジナリティーをみんなに発信していいのです。

**あたりまえを疑って、もっともっと変な人になる。**

変だからと押さえつけられるのではなく、「あいつ、変で面白いよね！」とリスペクトされる多様性に満ちた社会。

「どうせ無理」とつぶやくのではなく、「どうしたらできるだろう」と一歩を踏み出せる社会。

そんな人たちをあたたかく応援する社会。

男性と女性がフェアに働ける社会。
大人と子どもが一緒に夢を語り合える社会。
あなたとわたしが手を取り合って、ともに励まし合える社会。

そんな新しい「あたりまえ」を、僕はみんなとつくっていきたいと思っているのです。

# エピローグ

僕にとって「働く」ということは、ひとことで言えば「自己実現」です。

自分が本当にやりたいことを、働くというプロセスを通じて表現していくこと。これに尽きると思っています。

なぜ最後にこんなことを書くのかというと、働くことはけっして「自己犠牲」であってはならないと思うから。仕事になんとなく自己犠牲のような精神を押しつけられたり、そのような空気を感じたりする人もいると思います。ですが、そんな働き方をしていると、文字どおり「自分という存在」がどんどん欠けていくはずです。

僕はそんな「あたりまえ」を、みなさんにとことん疑ってほしいと思ってこの本を書きました。

自己実現できる仕事というのは、誰がなんと言ってこようとも、自分自身にとってハッピーなこと。

それは、音楽を奏でることかもしれないし、なにかの作品をつくることかもしれないし、言葉でコミュニケーションすることかもしれません。そんな自分が本当に好きなことを見つけて、あるいは子どものころの夢を思い出しながら、いまこそなにかをはじめてみる。まずは小さな一歩を踏み出してみる。

そうすることで、まわりからのフィードバックというサポートを受けながら、夢へと近づいていくことができます。

自分のなかには、必ず手つかずの貴重なものがある。

このことに気づくのに、遅過ぎるということはありません。

僕も実際に、「普通だったら遅過ぎるだろう」ということをずっと続けてきました。空手も30歳からはじめたし、スキーもはじめたときこそ20歳でしたが、結局、インストラクターの資格を取得したときには40歳を超えていました。それでもはじめさえすれば、「なんらかのかたちになるものは結構あるんだな」と実感しています。

自分に残された時間を短く感じたとき、それを「もう遅過ぎる」と思うか、「死ぬ前にはじめられて良かった」と思うか。

もちろんそこで、後者の考えになり、好奇心を燃料にしてどんどんアウトプットしていってほしいと思います。

冒頭で「人生は永遠ではない」と書きました。そして、『時間』はもっとも貴重なリソースである」とも書きました。

なにかをはじめるのは、死んでからではちょっと難しい。

だから、いまがスタートラインだと思えばいい。

いつだって、スタートラインに立てばいいのです。

澤円

# 「疑う」からはじめる。
## これからの時代を生き抜く思考・行動の源泉

発行日　2021年 5月 13日　第1刷

著者　　澤 円

本書プロジェクトチーム
編集統括　柿内尚文
編集担当　小林英史
編集協力　岩川悟（合同会社スリップストリーム）、辻本圭介
制作協力　笠井奈津子
カバーデザイン　井上新八
本文デザイン　木村友彦
校正　植嶋朝子

営業統括　丸山敏生
営業推進　増尾友裕、藤野茉友、綱脇愛、大原桂子、桐山敦子、矢部愛、寺内未来子
販売促進　池田孝一郎、石井耕平、熊切絵理、菊山清佳、吉村寿美子、矢橋寛子、遠藤真知子、森田真紀、大村かおり、高垣知子
プロモーション　山田美恵、林屋成一郎
講演・マネジメント事業　斎藤和佳、志水公美

編集　舘瑞恵、栗田亘、村上芳子、大住兼正、菊地貴広
メディア開発　池田剛、中山景、中村悟志、長野太介、多湖元毅
管理部　八木宏之、早坂裕子、生越こずえ、名児耶美咲、金井昭彦
マネジメント　坂下毅
発行人　高橋克佳

発行所　株式会社アスコム

〒105-0003
東京都港区西新橋2-23-1　3東洋海事ビル
編集部　TEL：03-5425-6627
営業部　TEL：03-5425-6626　FAX：03-5425-6770

印刷・製本　株式会社光邦


Printed in Japan ISBN 978-4-7762-1145-7

本書は、2018年11月に株式会社セブン＆アイ出版より刊行された『あたりまえを疑え。』を改題し、一部修正したものです。